U0023780

街頭設計

改變街道的七種方式

あたらしい「路上」のつくり方
実践者に聞く屋外公共空間の活用ノウハウ

影山裕樹◎編著
武川寛幸、柿原優紀、吉城壽榮、以倉敬之、高岡謙太郎、榊原充大、江上賢一郎、笹尾和宏◎著
林書嫻◎譯

前言

近年來逐漸流行起在戶外創造「路上」活動，本書即是著眼打造這類活動過程的案例集。雖說都是在戶外舉辦的活動，卻型態迥異，因而希望透過本書介紹手法、成果都各有千秋的戶外活動之秘訣，試圖指引今後想在各地實踐這類獨特活動的人。

路上活動的樂趣之一是吃吃喝喝，比起賞花美食更為重要；如果只是賞花，當然不必特地取得食品衛生管理的證照，但如果是做生意以大眾為顧客就有所不同了。更甚者，因為不是志同道合的朋友聚在一起舉辦烤肉大會，擺攤做生意、收取金錢的活動理應取得該場地的使用許可以及支付伴隨的「場地費」。公共空間大致可分為「私有地」與「公有地」，想在公有地上舉辦活動，必須獲得各地方政府或國家的許可，具體而言是指道路、河川等處。

但反過來說，也不是完全由自己、家族持有的私有地就可以任意使用，像是神社參道、山林、海岸等。在私有的深山裡烤肉導致山林大火的話該如何負責？還可能會傷亡。有必要時，涉略所需法律、條例等也相當重要。

只不過，這些等到要創造新活動時再從零學起即可。本書中負責撰寫各章節的路上活動創辦人中，有許多都是在毫無知識基礎下開始。就算擁有再多知識，如果不知道如何應付出乎意料的麻煩、危機，活動還是會失敗。本書因而想藉由實際執行者之口，介紹克服制度的「灰色」地帶，在不斷嘗試、修正下，持續描繪理想風景的方法。

如果本書能對今後想在各地推動路上活動的政府機關、個人、團體等的各位讀者有所幫助，將是我的榮幸。

目錄

編者序

如何打造能聚集形形色色市民的戶外公共空間呢

影山裕樹

被興趣、嗜好等隔絕的市民們

「現代的政治不是左右對立而是上下對立……」

不只是日本，世界各地選戰開始時，政治家冒出這樣一句話的歷史已相當悠久。本書無關政治評論，因而或許稍嫌唐突，但要在現代社會中，開心過活，就不能忽略這樣常見的看法。

社會的哪一階級的人，有著什麼樣不同的興趣或嗜好？沈浸在「一億總中流[1]」的幻想中，全盤接受主流媒體所散播資訊的「大眾」，我認為，這些曾處於所有娛樂的核心位置的「大眾」，這樣的日本（而且那樣的脈流長期驅動了經濟）它從來沒有培養在經濟層面之外的觀察角度（例如從文化層面探究階級差距）。

法國社會學家布迪厄（Pierre Bourdieu）曾研究組成社會各個階級的人們的興趣、嗜好有著什麼樣的差異。正如「社會地位空間與生活型態空間的交叉分析表」所示，經濟資本較少的市民的興趣是電視、觀看體育賽事、賽馬、庶民劇場、言情小說等，而經濟資本豐沛的市民則有歌劇、展覽、騎馬、在飯店渡假等興趣。

雖然時代不同、國家也相異，但試著放在現在的日本會如何呢？只有我一個人覺得好像差不多嗎？

形形色色的市民聚集、利用、通行的公園、廣場與道路等公共空間到底屬於誰？雖然這類討論已經反覆、擴散到令人生厭的地步，但「什麼樣的空間會讓眾人想聚集？形成活力四溢的空間呢？」的討論卻仍然嫌少。

國家政策亦然，是以大型公共工程為優先的經濟政策？或是應該重視地區內網絡關係的軟性策略——地方創生？但這些也只是左或右派的支持陣營所提倡、聽起來美妙的宣傳而已。最終我們還是需要持續累積介於由上而下與由下而上之間，在多元層次中實際執行的案例，並提升一般市民對利用公共空間的知識。

1 「一億総中流」是指一九七〇年代約一億人口的日本國民大多自認為中產階級的「意識」。

無論室內還是戶外，都要守護自己的生存之道

針對前述公共空間的活化，從理論與實踐兩方面引領整個業界的 Open A 馬場正尊曾說：「我們並非政治家，即便大聲疾呼『來改變公共的概念』也不具說服力。建築家等以創造空間為業的人所能做的，結果就只有在空間、建築裡掀起改變，描繪出理想風景而已。」（《RePUBLIC 公共空間のリノベーション》，馬場正尊 +Open A 著，學藝出版社）。

那麼既非建築師，也非不動產或經營設施的專家，普通一介市民所能做的又是什麼？在建築法規、道路交通法規等法律，各地方政府之條例等專門知識不可或缺的領域中，就只能以旁觀者、外人身份行動嗎？不，至少能以生活在都市中的其中一人，持續描繪出我們想在什麼樣的「風景」中生活。路上又存在何種可能性？即便是毫無知識的外行人，只要發起行動就可以創造些什麼。給他人增添麻煩當然會惹怒他們，犯法也會被警察逮捕，但比起什麼都不做，實行才能累積經驗，從失敗中學習，下一次就一定可以描繪出理想風景吧。我在上一本著作《大人的秘密基地》（大人が作る秘密基地，DU BOOKS 出版）曾寫下：

「我認為求生存的力量有兩種，從內湧上的力量與從外附加的力量。我們生存在這兩種力量互相抗衡的社會中。只不過，從外附加的力量有時會變成『抵銷力』。我呢，比起局限自我、限制自由的力量，更想看見湧自內在的『生命之力』戰勝的瞬間。」

無論是僅限夥伴共享的秘密基地，還是歡迎大家造訪的戶外，「為了守護自己的生存之道」，因而形塑、開拓空間，或是想揭露「湧自內在的力量」的所在之處的渴望都是相同的。也就是說，讀者可以將本書想成是「說明如何在戶外打造秘密基地的方法」之書。

以湧自內在的衝動、想法為動力

作為社會上的一員，當然必須遵守法律、契約、結婚等約定；但人們卻時而離經背道，外遇、詐欺、夜半潛逃等等。當然不是說因此就可以違背法律所定規則。社會規範之「法」，是為了控制、管理湧自內心暗藏的情緒。然而，真的只要被管就好了嗎?……還是就隨心所欲?那是一種不只在秘密基地般的室內,在戶外才更應該守護、最重要的事物,我想那也就是我們每一個人的「生命之力」吧。不光是畏懼「附加之力」,我心嚮往的是上述「生命之力」足與「附加之力」分庭抗禮的社會。

對日本都市公共空間的印象,是有著眾多極為綁手綁腳、壓迫的空間,不用說公園內各種「禁放煙火、禁止玩球……」等禁止事項的看板。走在日本橋、銀座等地,戶外幾乎已經不存在可以吸菸的地方,而過去總在傍晚五點悄然現身三丁目角落的拉麵攤也早已不來了。

隸屬於商業設施的廣場空間,理所當然是以前來商場的客層為對象,推廣提升營收的活動。針對大批外國觀光客到訪,連媒體都爭相報導的道路,鐵路公司、中央、地方政府都拼命想讓其中骯髒的角落煥然一新。

編者序

如何打造能聚集形形色色市民的戶外公共空間呢

關鍵字是「串連相異社群」

公共空間會因經營該場地的業者、土地持有者的管理鬆緊程度產生不同結果，且幾乎所有空間的目標使用族群都有所局限，所謂「對組成社會的每一份子平等開放的空間」根本不存在，只是其本身並不構成問題。

我認為至今所缺乏的，或許是「該如何創造出不同階級的人們能偶然交會的地方呢？」這類想法。並非朝「為何階級無法流動的問題」前進，而是戰略性地（有點不自覺）討論，如何產生「串連相異社群」的空間。

市民聚集的公共空間內所產生之公共性，政治學者齊藤純一曾論述其概念，在他的著作《公共性》（岩波書局）中有如下對危害公共性的說明。

「社會空間『分隔』之條件，將會妨礙迴異立場者之間的政治性溝通，驅使他們對在其他空間生活的人們不感興趣，產生扭曲的表象」（《公共性》，齊藤純一，2000年，岩波書局。）

我們各自甘於接受所屬階級、屬性等，以刻板印象來想像在外界的他者。這樣將他者貼上標籤的行為，是妨礙形形色色市民聚集的公共空間之公共性的原因。

如此毫無自覺地持續下去，被分隔的社群就會愈發往隔絕的方向發展。隔絕將催生劇烈衝突、社會問題等，結果就是陷於彼此猜忌的人們，即便每天在同一空間內來去，卻喪失彼此相會、交談的機會。

齊藤將公共性定義如下：「公共性是在複數的價值、意見等之『間』所形成的空間，反之，如果喪失彼此之『間』公共性便不成立。」換言之，加強國族身分認同（national identity）的舉國活動，某種結社、協會、公司等追求成員認同歸屬感的「共同體」，迥異於真正意義的「公共性」，因為共同體的同質空間中不存在之「間」。

我們每天在公共空間內不斷與具有相異認同的他者擦身而過，無論是高級住宅或低收入公寓的居民都使用同一個主要場站，只是甚少表現出對彼此的理解。

以「串連相異社群」的觀點隨興遠觀這個國家習以為常的傳統路上習慣，我注意到在好幾個案例裡隱藏著重要線索，其實那就是「祭典」。例如關西人所熟悉的「地藏盆」，是住在某地的人們為了讓住在那裡的所有小孩開心，佔據道路每年舉辦的祭典，此時想必無關家世是否良好吧。還有在高知的拱廊街上刻意放上矮飯桌，從中午開始男女老少就暢飲歡談。等到賞花季節，在冷冽的天氣中，從西裝筆挺的上班族到錢包乾扁的學生情侶都一早就來到公園佔位。再到除夕、新年時，日本各地的神社、寺廟被觀光客到在地居民擠得水洩不通，這些都在是孩童、酒、花等「共通主題」下聚集「相異社群」的最佳代表。

這個國家的法律、條例等，都是在發生重大問題後才訂定。反過來說，共享某處的成員之間只要能達成共識，即便處於法律上的灰色地帶也能維持現狀。社會上有些特定的公共空間，設定有交通、購物等明確目的的地方（百貨公司、機場）、供特定使用者的地方（會員制沙龍、銀髮族設施等）地區裡的，這種地方可說是粗暴地強迫「住在該地的所有人擦身而過」。倘若能夠讓他們在某一特定期間滯留在同一場所的話會如何？或許會產生衝突，也可能發生意外。但是，轉念一想，雖然極端的祭典可能有傷亡，也有被神轎破壞的建築。即便如此，在「失去這般風景才糟糕」的自治意識作用下，這類祭典從未消失。那一刻我們不管彼此相異的屬性、立場等，在共通主題（感興趣的事）之下彼此相向。我發現，這種時候，在日常生活中屬於各別被分隔「相異社群」的我們，形成了一個鬆散、多樣的社群，這就是展露出了公共性。我們重新注意到一項事實，經年累月延續至今的「節慶」之日，實際上就算地區成員因歷史壓力苦惱中，仍會為了讓它成為「大家的地方」不斷嘗試。

如何開發新的參加者（利用者）

書寫至此，我們得知活化公共空間的重要關鍵，是在該空間能否創造出讓「聚集形形色色人的新祭典」誕生的可能性吧。這點對煩惱於該如何吸引顧客的都市商業設施、其他地區的公共設施等亦是重要主題。因為無論是經營文化設施中極為常見的推廣活動，或百貨、書店等販售衣物、書籍設施的異業結合，都是為了吸納平常不會到訪的新客層所下的功夫。

所以，我想許多成功的戶外活動，從宣傳到選定陣容（出攤店家、演出者等）等細節，無時無刻都在想著開發相異社群（客層）。無論是否是「以小孩為對象」或「喜歡搖滾」等單一關鍵字吸引來客，特色是「所有孩子都能開心」、或是「無論喜歡硬式音樂或戶外活動都可滿足」等針對多重屬性、興趣嗜好的人們廣泛宣傳。將組成元素加以「編輯」，一方面鎖定主要對象，也網羅主要對象之外的次要對象，如果不這麼做就無法創造利益，也不能變成多元市民匯聚的地方。

具體而言，本書將介紹實際推動下列戶外活動的人的行動。

野外放映

從膠卷進入投影時代，讓在戶外放映電影變得便宜且安全。從眾所皆知的流行電影到讓電影迷驚喜的罕見電影，提供了在戶外才有的特別氛圍。除了電影，近年來更流行將影像投影在建築上的光雕（project mapping），雖然不能沈浸在單一電影中一、兩小時，但時而在影像中漫步，有時還能有互動式的體驗，如在觸摸設置物體下發出聲響等機關廣受好評。本書的案例1將介紹在渡假村舉辦電影節「星空電影節」的武川寛幸先生，其在戶外放映電影的巧思與留心之處。

編者序

如何打造能聚集形形色色市民的戶外公共空間呢

戶外婚喪喜慶

在公園、河岸等處自行舉辦婚喪喜慶等派對的人逐漸增多。看準這類需求，以戶外婚禮、DIY喪禮等為業務內容的企業、團體也一一誕生。如果是在高架橋下既可投影新人過去的相片，也可應付驟雨來襲。我們已經一步步邁入由自己親手在特別的場地打造獨特儀式的時代。案例2是由經營「Happy Outdoor Wedding」的柿原優紀小姐撰寫，該公司推廣的是因應現代年輕情侶需求，客製化的戶外婚禮事業。

路上餐飲

鐵路公司利用旅客人數難以增加的車站月臺或高架橋下等基礎設施，商業設施運用閒置的屋頂空間、樓面，藉河川、公園等空地在公私協力下舉辦特色餐飲活動的例子漸增。近期有名的是在JR兩國站舉辦的「餃子站」，排隊時間甚至高達三小時；歷史悠久的則有京都鴨川的「川床」等。案例3中，吉城壽榮先生以其鐵路公司員工身份，推動將電車車廂與月臺打造成「中之島站月臺酒場」的活動，他將說明他在公司內部及與公部門交手的方式。案例6是由建築研究團隊RAD的榊原充大先生訪談相關人士，審視在水岸空間舉辦餐飲活動所需克服的困難。

走讀旅遊

體驗經濟一詞引起大眾矚目之際，短暫的「爆買風潮」儼然已平息，外國觀光客支付金錢從購買物品變成體驗，內需市場也有同樣需求。如果在平日天天行經的街區裡，能以略微不同的角度來觀察會怎麼樣呢？由專家、熟門熟路的在地人等導覽，只要花費假日的二到三小時就可認識從前不知道的餐廳、地區的歷史等。而且這些在共同興趣下認識的人們還容易發展成朋友或戀人……在預期將因奧運增長的國內旅行需求下，這類提供走讀旅遊服務的團體在日本各地愈來愈多。案例4是由以倉敬之先生所撰寫的走讀妙趣，他在京都經營走讀服務「漫漫京都」，一年舉辦六百場旅遊下收益蒸蒸日上。

音樂節

目前日本國內有大大小小、相當多的音樂節，雖然熱潮似乎已退燒。其中有可親眼見證國外重量級歌手而緊緊捉住樂迷的心的活動，也有為了讓在會場渡過好幾天時光的觀眾，即便不聽音樂也能樂在其中，而在美食區或露營區都下足工夫的音樂節。除此之外，如果是在未限制來者、人來人往的公共空間舉辦音樂節，除了那些音樂品味類似的人，還有必要花費心思，在「保持品味」下，如何還能夠不排除對音樂節不感興趣的銀髮族、附近居民等？如何在與在地社區保持良好關係下，發展出獨樹一格的內容呢？案例5由音樂寫手高岡謙太郎先生介紹近期最先驅的戶外音樂節案例。

在戶外辦活動比在室內有著更多必須克服的難題，諸如天氣、法律、資金、安全等等。這些課題大多在意想不到的時間點、突如其來地出現。即便在事前有邏輯地、藉由數據模擬多次，還是會發生天外飛來的麻煩。所以我才希望能盡量由那些到活動辦成為止，盡心盡力的推手來告訴我們親身經驗。此外，在tips章節，由一邊任職於私有商業設施，一邊以個人身份進行路上活動相關研究的笹尾和宏先生，將他在公私兩部門所遭遇的法律障礙簡明易瞭地為我們介紹。還有為了比較日本與他國案例，案例7將由研究亞洲替代空間（Alternative Space）的江上賢一郎先生為我們介紹香港的路上活動案例。

存在某地那些立場各異的人們，不彼此對立，擱置互相無法理解的部分，齊聚一堂的風景是如何產生的呢？

思考創造空間也就是何謂「公共」？並非異想天開，也不是打造「新的法律」就可以解決的問題。積極接觸日常生活中難以接觸的迥異社群，製造在共同興趣下聚集的機會。我想這或許是發明「新的路上」並持續更新的最佳處方。

case

1

享受大自然裡的野外放映
星空電影節

武川寛幸

星空電影節誕生的契機

位在八岳山腳處的長野縣諏訪郡原村，有著僅在夏季開放、星空下的電影院。如果將「星空電影節」視為電影版的戶外音樂節就不是那麼稀罕，但如原村般在鄉下深山裡舉辦戶外型電影節，還持續三十年以上，在二〇一七年總入場超過一萬人的，即便放眼日本全國還是相當稀罕。

星空電影節值得紀念的揭幕是在一九八三年夏天，由在原村經營料理民宿與不動產業的柳平二四雄先生，與在隔壁茅野市開電影院——茅野新星劇場的柏原昭信先生兩人共同創立。創設電影節的契機是柳平大受當時正在電影院上映的《風之谷》（風の谷のナウシカ）感動，他想著「這部電影應該要在室外觀賞」，便在未事先約定下直接去找距離原村最近的電影院經理柏原。柳平邊說「我想在這邊放電影」邊強迫地拉著柏原來到海拔一千三百公尺處的原村，柏原在被原村的高原之美震懾下，根本沒有細想接下來該怎麼辦，就回答「好」。

諏訪郡原村位在被八岳所包圍的長野縣中部，是人口約七千五百人的村落。周邊的各個村落陸續被納入市、町等，原村卻拒絕合併。據信這是因為，原村相對於人口有較豐餘的財政，還有一點是為了保護未被開發的自然資源。原村規模雖然不大，但盛產萵苣、菠菜等高原蔬菜，夏季芹菜產量居全日本之冠。冬天雖然寒峭，夏天卻涼爽濕度也低。加上從東京都心前往當地還算便利，作為避暑勝地的觀光事業相當興盛，有著許多別墅、料理民宿等。且當地路燈稀少，空氣澄澈的高地相當適合觀測天體，能夠仰望無與倫比的星空也是原村的魅力之一。「星空電影節」就在這樣的原村中拉開序幕，但問題是他們是如何在原野中打造出電影院的呢？

突然誕生在原野中的電影院

舉辦「星空電影節」的舞臺是在由一般社團法人原村振興公社所管理的八岳自然文化園（一九八九年開園）內。電影節開辦的一九八三年時，八岳自然文化園還未成立，只有在窟亞公園的公園內的一座戶外音樂廳，稱作音樂廳也只有些虛張聲勢，其實只是設有平臺與石階觀眾席，相當簡陋也未連接電力。電影節推手之一的柳平天天看著沒人要用的音樂廳，便夢想要在這裡放映《風之谷》。後來雖然獲允使

用原村管理的窟亞公園，但完全沒有電力、設備等，所以場地費相當低，不過當時連一臺可以播放電影的機器都不存在。

前面曾提過的茅野市新星劇場經理柏原，他從一九五七年起就一路以經營電影院為業，是電影方面的專家。以往也曾承包在學校、社區活動中心等處機動式的投影電影、前往外地放映等。對長年從事電影放映的柏原來說，跨出電影院在戶外放映電影絕非難事，只是面對眼前僅有平臺與觀眾席的原野，事情就不是那麼簡單的了。他立即著手以數張防水布打造巨型螢幕、搭設

放映室等，有時候還要從附近的電線桿分接，將電力偷接到會場內。

下一步是該如何借到電影，容我先簡單說明電影在製作完成後怎麼上市。電影完成後，電影製作公司與發行公司之間會訂定契約、進行買賣，後者取得電影發行權後與全國的電影院洽談，彼此簽訂合約成功，膠卷就能名正言順地送到電影院，這是電影市場的基本結構。

柳平想到要在戶外放映電影時，首先就找柏原商量這點發揮了極大作用，備有放映設備這點不用說，也因為租借電影還必須跟發行公司交涉。電影業界如今已放寬許多，但

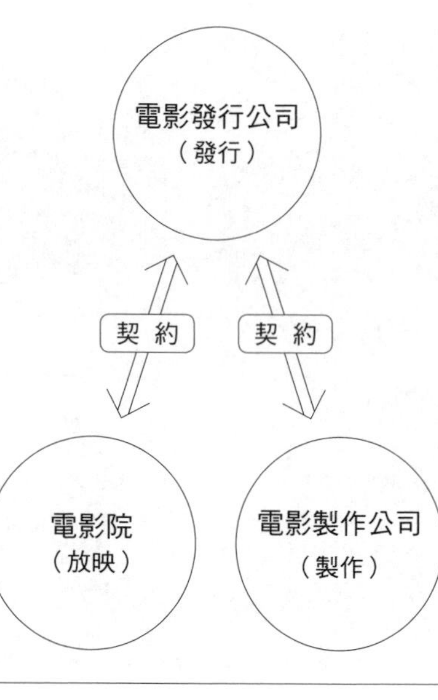

仍是寡占市場，當時則根本不可能將電影借給電影院以外的人，不是業界相關人士，就算積極與發行公司接觸，還是很難借到作品。當時是因有著電影院與發行公司間的管道才讓一切成為可能。

料理民宿、別墅熱潮成為成功助力

一九八三年第一屆星空電影節開幕（當時的名稱是星塵戲院），放映《第三類接觸》（Close Encounters of the Third Kind）、《風之谷》、《浦田行進曲》、《克拉瑪對克拉瑪》（Kramer vs. Kramer）、《火戰車》（Chariots of Fire）等五部電影，是柳平精挑細選的片單。在能仰望滿天星星、眾樹包圍的會場中臨場感倍增的科幻電影，電影節誕生契機的《風之谷》，加上日本電影的名作、深度劇情片等形成的絕妙平衡，引發許多人的期待，更受到眾人推崇。電影節從七月二十二日到九月一日為止共舉辦四十二天，來場合計四千九百人。

他們只找了數家媒體，向地方報紙、雜誌等宣傳，到場觀眾幾乎都來自長野縣內，客層非常廣泛，從有小孩的家庭到銀髮族皆有。人數雖然不多，但也有從東京來的觀光客，他們是因恰好投宿會場附近，進而知道電影節後前來會場。其中廣受好評的是在放映空檔舉辦的賓果大賽，星辰、先鋒、三菱汽車等大企業名列贊助商，豪華獎品讓會場熱鬧非凡。當時在料理民宿、別墅熱潮接連出現下讓原村逐漸受到矚目，自村裡開始推動打造料理民宿的計畫後，許多人從長野縣內甚至全國各地搬遷到原村。民宿從一九七五年起就逐步增加，最盛期的一九八〇年代有近一百間民宿。因泡沫經濟而狂熱的日本，星空電影節與民宿熱潮對大企業來說也是絕佳的宣傳場合。柳平負責挑選電影與尋找贊助商，但並未參與電影節的收支結算。投資設備與支付給發行公司的費用（租借電影產生的費用在後面會提及）等營運資金全部交由柏原準備，這也讓收益能夠流入茅野新星劇場。經營不動產事業的柳平雖然沒有收益，但他認為吸引觀光客前來原村，這將在未來成為最大的獲利；另一方面，一九八〇年代，柏原的茅野新星劇場正苦於觀眾減少，白天播放兒童動畫、傍晚後改播情色電影等在節目內容上下功夫克服觀眾減少的危機，卻也被揶揄「那裡是情色電影院」之類，無法如預期般增加觀影人數。在這種狀況下，柳平提議的「星空電影節」對電影院來說就像久旱逢甘霖，對電影院重建是時機恰到好處的提案。

其後不久，原村在一九八九年大幅改建了窟亞公園，加入餐廳、迷你高爾夫球場、狗跑道等運動設施、星象儀等的自然觀察科學館，開設了八岳自然文化園。戶外音樂廳也在同一時期翻修，放映室、平臺等在原村的經費下翻新。隨著第二屆、第三屆舉辦屆數增加，星空電影節的會期也年年愈拉愈長，變成八月到九月為期二個月。由柳平與柏原舉辦的星空電影節到二〇〇五年為止共持續二十三年，期間讓許許多多的觀眾著迷，在長野縣岡谷市出生長大的我也曾是觀眾之一。然而，星空電影節卻在二〇〇六年的夏天乍然停辦。

開始運作讓電影節復活

二〇〇九年冬天，我在想探究星空電影節停辦的原因下造訪原村。因為念大學來到東京並就職的我，那時在吉祥寺巴捂斯劇院（吉祥寺バウスシアター）工作，劇院當時位於吉祥寺，是除了放映電影，還可舉辦演唱會、落語等各式各樣活動的綜合劇院，又以運用演唱會音響設備，高分貝放映電影的爆音電影節掀起極大話題，是巴捂斯劇院的特色活動。在周邊影城愈開愈多觀眾流失下，為了存續而要與新的電影院有所區別，我每天都在思考有沒有獨樹一格的企劃。

我想著或許能運用自己的經驗來幫忙電影節復辦。一開始為了知道是誰推動星空電影節、電影節停辦的理由，我找到柳平並到他家拜訪，柳平說：「我一直在等著有沒有像你這樣的年輕人來找我。」邊招呼我入內，還介紹柏原給我。電影節到停辦為止的過程其實相當艱辛。

他們決定停辦的原因有好幾個：主辦者的高齡化（柳平在一九五〇年、柏原在一九三七年出生）；還有隨著泡沫經濟的結束，贊助企業日漸減少；因基礎建設、更新開發等伐林造成氣候變化，局部豪雨增加；因實施訂金制度、一加一賣法等使得與發行公司的契約條件產生變化，無法借到電影，不能選擇想放映的作品；當地居民對柳平「獨佔營收賺大錢」的嫉妒……。最讓我驚訝到啞然無言的是當我造訪茅野新星劇場時，連半位客人都沒有，可視為電影節母體的柏原的電影院呈現出大門敞開卻無人光顧的狀態。

星空電影節停辦時，電影業界出現了世界性的大變革，也就是電影的數位化。電影媒體從膠卷變成數位播放，數位化讓電影院不得不引入新的硬體設備，價格在二〇〇九年時大約是一千萬日圓。對個人經營的電影院來說是筆鉅額支出，無法投資新設備的電影院一間接著一間關門。大都市以外地方的商業設施從站前移往郊區，電影院的主流也不再是車站前的，而是郊區的影城。這樣的時代背景下，還加上因個人經營的電影院停業、倒閉等，開始出現針對個人經營電影院，在授與放映權時實施訂金制度的電影發行公司，考量的是電影院倒閉就收不到錢，那不如設下訂金制度，總之先拿到一百萬日圓訂金再說。

然而，不管是放映室或放映機都還留在那片原野上，電影院的經營岌岌可危，柏原卻仍健在，我思忖是否有在作法上下點功夫就能有復辦的機會。電影節復活計畫就在這之中開始運作，計畫發起人是住在原村的秋山良惠女士，她曾是我在吉祥寺巴捂斯劇院的同事。她退租在東京的公寓回到原村幫忙家業務農，運用過去曾在電影院工作的經驗，夢想著讓星空電影節復活，她來找我商量這件事，某天我們便一起拜訪了柳平與柏原。

邀請年輕世代加入組成新團隊重新出發

秋山女士以發起人的角色鍥而不捨地說服柏原，讓他說出「或許換個作法能夠復辦也說不定」，並正式委託他放映工作，同時也與電影節場地的八岳自然文化園交涉。我則擔下與發行公司協商、宣傳等實務工作。

雖說復活計畫已經啟動，人手卻極度缺乏。為了招兵買馬，我們開始在當時流行的社群網路服務——mixi 上號召夥伴。幾天之後，以原村為中心慢慢詢問在地居民。最後共聚集了十名左右的夥伴，有賽車選手、音樂家、警衛、陶藝家、農夫、背包客、平面設計師等，他們的共通之處是都喜歡電影，其中曾參與過星空電影節的人佔多數，也就是看著電影節長大的孩子們。年齡從二十幾到六十幾、形形色色

的人齊聚一堂，成立了執行委員會。

實際上與八岳自然文化園也決定採取共同主辦的形式，這樣雖然不代表可以獲得公部門預算，卻能得到他們的後援。我們遺憾地在營運資金為零的狀況下開始。其實秋山曾經直接到公所找村長談判「請替我們出力」，不知道是不是那次談判發揮了效果，在嘗試推動、直到電影節上軌道前的條件下，免除我們水電費以外的場地費。

挑選電影一度陷入泥沼，主題卻很明確，是過去我們曾在會場感受到的浪漫與動感，不僅是「觀賞」還附帶「體驗」，希望播放可以帶給大家那份感動的電影。此外，則是設定廣泛的目標客層，不管性別、年齡等一網打盡喜歡大眾娛樂片的觀眾到小眾且狂熱的電影迷。

接下來是與電影發行公司協商，先前已經提過發行公司從電影製作公司取得放映權後會將電影賣給電影院。日本電影與外國電影雖然在放映權上有所差異，但大部分都有設定期限，可在日本國內放映的權利較長的達十年，較短的則約三年。再來則是膠卷是否還保存著，如果是老電影，可能還保有放映權卻在某些原因下已將膠卷報廢，或是膠卷因時間產生變質，損傷到無法使用等（附帶一提，DVD或藍光光碟片是為了在自家播放而非以上映為目的，所以不被認可為上映使用，且DVD等還存在包裝、軟體化的他種權利，這部分非由發行公司而是由影像軟體發行商負責）。星空電影節的角色因為是電影院，所以第一步是先與發行公司確認是否有放映權與膠卷。

取得放映權的重要步驟

即便放映權是以膠卷（上映影片）存在為前提，但也不是能立刻決定要不要出借。例如最新電影早已有放映管道，在事前就會決定好於合作電影院上映等，如果發行公司有直營的電影院勢必會在該處上映，東寶的話是TOHO影城、松竹的電影則在MOVIX等。伊旺影城等大公司的系列電影院、獨立經營的影城、個人經營的電影院等也幾乎都與大型發行公司有所合作，或是有所關係。當最新電影在這些電影院上映時，不僅是星空電影節，也不會在其他電影院放映。

上述是在日本全國超過一百間電影院上映主流電影的情況，另一方面也有著小型發行公司與源自電影院的發行管道，也就是被稱為「迷你劇院類」或「單館類」的電影院。小成本電影的權利金較低廉，所以就連小型發行公司都有辦法買下，但也因為預算較少，這類電影會以少量膠卷（一到五份）巡迴全國，使得都市地區與其他地區存在上映時間的前後差距。即便首映到上映間隔很久，持續放映優良電影的單館類電影院有其常客，在不與其他電影院競爭、維持絕佳平衡下得以繼續經營。

那麼那些上映已經超過半年的電影會是如何呢？首先要確認希望上映的日期未

與其他電影院重複，假設同一天在北海道與沖繩兩地上映不會造成問題，但如果是同在東京二十三區內情況就有所不同，如此一來可能會分散觀眾、電影院彼此爭奪客人。因上映影片的份數、各電影院入場費用是否有所差別等理由，同一時間已經決定在鄰近的電影院上映之下，發行公司幾乎都會拒絕出租。

考慮到這些情況，我也前往附近的電影院說明我們的企劃內容，還曾被投以猛烈抱怨，那是率先上映歐洲電影、藝術片般紀錄片電影等非主流電影的個人經營電影院，被說「不要做這麼厚臉皮的事。我們這是做生意，這樣不就是要搶走已經嫌少的客人了嗎？不可以選跟我們類似的電影。」雖然沒有這條法律規定，卻有著業界規矩，大概就是絕不能怠慢於跟鄰居打招呼吧。

終於來到訂定契約這一步，租借電影要花多少錢呢？從結論來說，每個公司各有不同。大致可區分成均價制與抽成制兩種主要模式。均價契約類似租賃，事先已經定好金額一次十萬或一百萬等，只要支付定價契約即成立，上映影片會在其後送來。抽成制則是電影上映所得的票卷收入，由發行公司與電影院按照一定比例分配，比例會因發行公司、電影，還有上映時間有所差異。又因是事後付款，有時比例也會隨觀影人數變動。雖然基本上是兩邊對分，但我也曾聽說過相當驚人的分配比例，

《崖上的波妞》（崖の上のポニョ）是由發行公司拿七成、電影院三成。

讓觀眾樂在其中的選片之妙

基於前述理由，要在星空電影節放映最新電影相當困難。雖然在均價制下，有著觀影人數多、收入增加的話，定價外的收入都收歸電影節的好處，但我們沒有資金也就不可能事先付費。雖說如此，像復辦星空電影節這樣的新組織，亦少有發行公司會跟我們簽訂事後付款的抽成制契約。所幸我充分運用自己正在電影業界工作的人脈，努力爭取到了抽成制契約。如此一來，就算觀眾不多、收入減少，至少花費在電影上的經費不會變成負數。讓我最高興的則是發行公司的業務中，有好幾人過去都曾經來過星空電影節。

選定了詹姆斯　卡麥隆導演的《阿凡達》（*Avatar*）、參與阿波羅計畫的太空人的紀錄片《IN THE SHADOW OF THE MOON》、役所廣司（役所広司）首次執導的作品《蛤蟆油》（ガマの油）、以及奧利維耶　阿薩亞斯（Olivier Assayas）導演的《夏日時光》（*Summer Hours*）等四部作品上映，每一部都是在考量廣泛客層下決定。挑選時也很注意是否適合原村、會場的氛圍，再來是除了美國電影還加入法國電影、紀錄片等豐富電影種類。只選擇四部作品也有其原因，雖說是每日夜晚上映一次，我們也不可能在二個月間一直駐守會場，因而檢討了會期長短，決定只限期兩週，時間拉得愈長就要增加更多作品，就要支出更多經費。

將不易前來變成賣點

我們還為電影節設立新的網站，拜託認識的網頁設計師，以極低廉價格幫我們製作完成。除了上映電影的解說，為了傳達會場的氣氛，使用了許多現場照片。也在吸引長野縣外來客的考量下，刊登相當詳盡如何來會場的方式，聽起來好像理所當然又簡單，但其實在過往的星空電影節中這些是相對被忽略的部分。我們甚至大張旗鼓地宣傳這裡沒車就來不了、附近沒有便利商店、入夜後一片漆黑、必須要帶防蚊液等對娛樂活動來說有著扣分效果的元素。一方面當然是為了提醒，但也是藉由這些舉動讓大家有著不同於日常生活的感受。傳單製作拜託經營廣告公司的高中同學，當地的印刷業者以贊助物品的方式替我們支付了傳單印刷費用。傳單的發送範圍以長野縣內為主，東京的迷你劇院類電影院也讓我們放傳單，小眾電影迷聚集之處的宣傳不可或缺。

作為電影節會場的戶外舞臺也必須整理，從除草到親手打造的看板、維修步道等，在夏天來說是相當艱辛的作業。也有些是不入夜就無法發現的，像是從入口到會場的道路沒有路燈，一到晚上就伸手不見五指。我們沒有買戶外燈具的預算，燈具對景觀來說也不美觀，因此請在地的蠟燭藝術家幫忙，排放了大型蠟燭，與大自然契合、有著溫暖感覺的蠟燭為會場創造出極佳的氣氛。最後是設置音響與螢幕。中央與左、右喇叭設在戶外舞臺，環繞喇叭則吊掛在樹林間。螢幕可能會被風吹翻，所以最後才架設，為了保留一些「彈性」，我們用橡皮筋綁在鐵柱上。這些都是有著多年經驗的柏原的點子，義工們花費一整天進行了所有的佈置作業。

白天的會場與晚上的會場

公開所有過程

在八岳自然文化園的協助下，我們統一向在地媒體發送了新聞稿。從傳單完成、會場佈置、電影節首日到結束為止，每一階段都請他們來採訪，請他們將電影節從零到有的過程一一寫成報導。除了「做了什麼」，我們也重視「跟誰一起，怎麼做」這部分。創造出停辦的電影節由在地居民復活這樣的故事性，既容易成為報導，也能讓讀者留下印象。除此之外，我們還毅然決定讓住在原村的小學生免費入場。製作了無論何時都可以入場的票券，

經費總表（日幣）	
膠卷放映費	750,000
傳單印刷費	18,700
預售票印刷費	7,980
網站製作 網路費	26,130
場地費（電費）	133,545
電影費	427,492
材料費	87,553
合計	**1,451,400**

通稱「原村之子通行證」，透過中、小學分發。設定僅有兒童不得入場的規則，中、小學生入場的條件是須由成人陪同。即便小孩免費，因為有家人陪同前來就能創造收益。但我們真正的目的是希望未來某一天，這些孩子中有人能夠將星空電影節繼續辦下去。

二〇一〇年八月八日（週日）到八月二十二日（週日）的十五天，星空電影節重新開張。到場人數共一千五百八十三名。雖然比不上過去的成績，但最讓我們開心的是到場觀眾向我們說「你們讓活動復辦太讓我高興了」、「很棒的內容謝謝」、「我等很久了呢」。收入是一百五十萬，收支驚險平衡，雖無結餘也沒虧損。

戶外才有的麻煩變成帶動氣氛的原因

雖然遇到不少下雨的時候，但只要有一位觀眾我們就會放映電影。從復辦到目前為止，只有中止放映過一天。那天在強烈颱風靠近下，強風幾乎像要把螢幕吹飛了。下雨的備案該如何，老實說我們沒有任何對策，只能請觀眾各自攜帶雨具前來，或是請他們移步到遮雨篷下。讓觀眾自行應付下雨的狀況，卻出乎意料地也出現讓觀眾產生好感的情況，「雖然看不見星星，但電影裡下著雨外面同步也下著雨很有趣」，壞天氣成為了炒熱電影氣氛的道具，這是我們原本的盲點。

我們還遇過電影聲音消失的意外，尋找原因時，發現音響纜線上有被野生動物啃咬的痕跡。猜測可能是日本睡鼠所為，最終還是搞不清楚誰是犯人，這正是在戶外才會有的麻煩。還有偶爾晚上在路旁會突然出現鹿，我總想著要避免交通事故，但卻到電影節復辦第三年才讓我撞見鹿，那一刻不知為什麼內心有種神奇的感動「我終於也被原村所接納了啊」。

從波濤洶湧的復活劇碼開始，一轉眼就經過八年。二〇一七年的到場人數超過一萬人，聚集了遠超過我們當初所預想的支持。義工人數雖然不固定但也增加到五

星空電影節的網頁

十位左右，目前的目標已經從「復辦」變成如何「永續」。原本單身的工作人員都結婚生子了，也有因搬家、換工作而讓生活模式大幅改變的人，或是意見不合而離開的人。這種狀況下，非培養年輕工作人員不可，我到今天才深刻體會到柳平與柏原的辛苦。

創造無法在電影院體驗之經驗的工作

隨著工作人員、到場觀眾的增加，理所當然批評指教也變多。我們曾經在網站上募集大家希望放映的電影，結果是每一個人都依其所想，讓電影名單無限延伸而已。柳平曾說過：「迎合大眾會削弱原有的那種粗獷魅力。」想在這一場地讓大家觀看特定作品這種決心產生出向心力，我想能吸引人們的必然是故事性，要能被喜愛，重要的是形塑出具體故事。在地人在當地努力，只是這樣就足夠創造出故事。些微的想法與極大的熱情讓電影節得以誕生，但其中最重要的主角是場地，在戶外放映施予電影魔法。會場整體賦予了大自然的星光、樹木、風聲等只限該地欣賞的環境。電影與大自然的同步效應，是電影院中無法得到的體驗。

武川寬幸

一九七九年誕生於長野縣岡谷市。二〇〇二年進入吉祥寺巴捂斯劇場，負責企劃、節目編排。創設特色企劃「爆音電影節」的工作人員之一。二〇一四年在巴捂斯劇場關閉同時離職。二〇一〇年起參與「星空電影節」。現於東京都內某電影院工作。洽詢可寄 mukawa.hoshizoraeiga@gmail.com。

case

2

在公園裡辦婚禮
Happy Outdoor Wedding

在愛知縣岡崎市籠田公園內舉辦的戶外婚禮。
許多居民參加讓只有當地有的一天實現（攝影：豐佳千明）

柿原優紀

介紹如何舉辦戶外婚禮（截自H.O.W網站，Happy Outdoor Wedding版權所有）

讓「公園辦婚禮」變成選項

Happy Outdoor Wedding（以下稱H.O.W）是介紹如何在不是一般婚宴會場的場地舉辦婚禮的網路媒體。

一方面，它把日本各地舉辦的婚禮寫成報導，刊登在「STORY」專欄中，其中涵蓋了在營地等民間經營的設施，也包括在海岸、植物園甚至是公園等公共空間舉辦婚禮的案例。H.O.W也刊載可受理舉辦婚禮的公園名單，與專為在公共空間舉辦婚禮所擬的協助項目、原創道具的租借資訊等。同時也為那些

介紹在日本各地，以公共空間為舞臺舉辦戶外婚禮的情景與可舉辦的場地等（截自H.O.W網站，Happy Outdoor Wedding版權所有）

期待活化空間而考慮允許戶外婚禮的地方政府、公園管理團體等提供協助。

媒體、活動等的小型製作公司tarakusa股份有限公司由我所經營，上述這些活動目前是作為公司事業之一營運。其實H.O.W會誕生是在極其私人的行動下，為了讓它真的變成一份事業才設立了公司。

現在無論是想舉辦戶外婚禮的新人，還是思索想將戶外婚禮變成活化公園或地區計畫展開的公園管理單位、社區營造相關人士都在增加之中。大家應該有注意到這幾年在Instagram等社群網路軟體上漸漸能看到公園婚禮的照片了吧。然而在二〇〇九年，H.O.W以小小的部落格之姿開站時，「戶外婚禮」還是鮮為人知的詞彙，甚至每當我提到時就會被問「那是什麼？」、「真的可以辦嗎？」，網路上搜尋也找不太到資訊，重新輸入成英文才終於出現外國的戶外婚禮報導。

開啟媒體專案

二〇〇九年，在我相當私人且切身的疑問加上妄想「要是能夠有就好了呢。真的不行嗎？」下開啟了專案，成立推廣自己想法的部落格。當時的我在出版社工作，每天主要是研究「在地」、「社企創業」等主題並採訪、撰寫、編輯稿件等。一邊想著未來某天要創業，打造自己心目中的媒體與事業。私人生活中，二十八歲的我身邊，結婚、辦婚禮等話題也變得愈來愈頻繁被提及；另一方面我感覺到同年紀，有著「不辦婚禮說不定也不錯」想法的人也變多了。我試著研究了下婚禮後，發現婚宴專用會場充斥著松竹梅這種套裝的高、中、低級規劃，日本全國的婚禮舉辦率卻在降低之中。當然也有著以新鮮的企劃創造新潮流的特殊婚顧公司，但我卻夢想著「要是可以在自己所住地區的公園，舉辦有自己風格的婚禮就好了」。

也是因為自己有著想到什麼就馬上做成企劃的職業病，當時的我並非是為了創業，只是想以一介市民身分提案，這就是整個專案的第一步。我跟夥伴一起搜尋有沒有在公園舉辦婚禮的案例，聽到傳聞就前往現場採訪，將案例紀錄刊載在STORY中。當我從原本工作的出版社離職創業後，便開始全力推動這個專案。

「為什麼想在公園辦婚禮？」、「怎麼決定場地？」、「該如何計畫？」、「該如何進行籌備工作？」、「婚禮要做些什麼？」、「賓客、朋友幫忙了什麼？」、「遇到什麼困難？」、「哪裡失敗了呢？」、「花費多少錢？」、「下雨的話打算怎麼辦？」、「舉辦過後的感想？」等等，我在文章中提示、解答了這些對戶外婚禮只要有些興趣的朋友大概就會疑惑的問題。當我像這樣介紹「怎麼做的方法」後，「想嘗試這樣的婚禮」的準新人們前來洽詢、媒體採訪等詢問也隨之增加。在這之中，我重新將網站改善地較容易閱讀，也開始為那些來諮詢他們理想中婚禮的人舉辦小型活動。

這個專案原本是作為推廣想法的媒體而開始，所以對我們來說其實意想不到的是「能不能當作工作協助我們舉辦婚禮？」的諮詢。未曾在婚顧業界工作的我，只能反覆模糊地回答「我們只是提供想法的網站，請你閱讀網站試著自己挑戰」。同時也從創意工作者、曾任企劃工作的朋友那聽到「明明可以把這類委託變成工作」等意見，這讓我開始思考這種可能性，如果這是項服務，我想希望利用服務的人與想從事這項工作的人，需求應會與供給契合。

將收集到的需求與現場連結

等到我們真的接受新人請託，聽取他們各自的期待後，每一次遇到的卻都是「使用公園的障礙」。來找我們商量的新人中有許多都提及「公園可以任意使用嗎？」、「要使用該怎麼申請？」、「不懂規則」、「公園是誰的？」等「基本」疑問。

向H.O.W洽詢或在諮詢會等活動到場的新人們，他們的期望中佔最多數的是「想在公園辦婚禮」，特別是在東京都內的代代木公園、新宿御苑等受歡迎的公園。再來則是「家裡附近的XX公園」、「兩個人經常約會的XX公園」、「每年會去賞花，我跟好朋友們都喜歡的XX公園」等擁有個人回憶的許多公園也出現在需求中。

「能在自己喜歡的公園裡舉辦婚禮的話，該有多棒呢！」

我從而開始思考付諸現實的方法。

模糊的規則與沒有前例的障礙

我一開始先打電話給那些被提及的公園的管理處，當我問出「我想要在您那邊的公園舉辦戶外婚禮，請問需要事先申請嗎？」接我電話聽起來像中年的職員卻回答：「戶外婚禮？好像沒聽過，不太清楚您在說什麼。」在戶外舉辦婚禮，我以為這種說法已經夠好懂了……。當我鍥而不捨說明我們所想像的婚禮後，對方沈默了一段時間才說「沒有前例可循有點困難……」。沒有也是正常的吧，所以我們才會想辦。詢問其他公園得到的回答也多是「沒有為這類活動發給特別的許可」。即便進一步問要辦什麼手續才會獲允使用，對方也說得不清不楚。因為沒有前例可循，所以沒有申請表格也沒有管道，甚至不存在承辦人，也就是「雖然不是明文禁止，但也沒有明確認可」。

即使直接找受託管理的單位詢問能否允許舉辦戶外婚禮，也是不斷被拒於門外。有些地方就算將原本緊閉的大門開了點門縫討論可能性，最後卻還是在沒什麼進展下得到一句「沒有前例可循」再度吃閉門羹。我們有著想辦婚禮的人，也有能將婚禮實現的夥伴，還有實際案例，但卻沒有能夠正式允許我們使用的場地，當時我感覺就像是在邁向實現的路途中橫亙著一條必須跨越的大河。

從市民的角度來看，雖然遺憾於使用辦法令人費解，因此無法讓空間有效活化的狀況，但另一方面來說，提案者（使用者）如果不更進一步地研究方法、規則，只是大發脾氣說「不知道」、「不可以」就放棄的話，是無法讓新的想法落實的。我們一邊向管理公園的相關單位諮詢，一邊有耐性地尋找實行的手段。

以預演活動實行

二〇一〇年秋天，東京都內的海濱公園表示認同，讓我們得以舉辦戶外婚禮的預演活動。活動號召了新人的朋友、對戶外婚禮有興趣的年輕人來參加，內容是嘗試親手打造小型而休閒的戶外婚禮。在實驗性質之下，獲得公園管理處同意並給予了我們可靠的建議。

活動舉辦的目的就是為了「實現戶外婚禮」，由我們親手嘗試大家懷疑的「真的辦得成嗎？」與我所想「應該可行」的部分。我們在草坪上設置簡單的簽到桌，在新人入場的走道兩旁排放椅子，並搭建了好幾頂直立式帳篷。為了掩飾我們也是第一次主辦的新手，所以先以很簡單的形式嘗試。我們在帳篷下方排放飲料、食物等輕食讓賓客享用，活動就在極低的入場費下開辦。

這場預演活動是由我們 H.O.W 撰寫在公園舉辦戶外婚禮的企劃，新人則透過社群網路公開徵求。與場地來往、佈置準備、準備餐飲等由 H.O.W 負責，髮妝、衣服等則由新人自己來。為了創造先例所以由我們負擔大部分工作，新人也能以較少的費用辦成婚禮。實際上，來應徵的新人是抱持著輕鬆的心情「雖然會舉辦招待親人的婚禮，但不會舉辦招待朋友的」成為我們的範例。為減低新人的負擔，前來會場參與公開婚禮、協助我們拍攝的來賓中，一半是新人邀請，剩下的一半則是我們邀請了過去曾來 H.O.W 洽詢、還有正在計畫舉辦婚禮的情侶。攝影、餐點、演奏音樂等拜託了對 H.O.W 的活動感興趣的創意工作者，成為了一場全員一起挑戰的婚禮。

一早集合到公園的工作人員開始佈置會場，還借用了陸續抵達的賓客之力，新人也參與了會場佈置，之後才借用管理處的一角換上婚紗與燕尾服。為了避免二手婚紗在草地上弄髒而將其改造變短。賓客的服裝也是平常的衣服稍加時髦元素，腳踩的是休閒鞋、平底鞋等不正式的鞋子。

在小喇叭與鋼鼓的伴奏下，新人進入佈置完成的會場，站在入場走道兩旁的賓客一一遞上一朵花給新人，最終拼湊成一大束捧花，新人捧著這束捧花舉辦儀式。不設置新人座位的平臺，採取在草地上賓主一起悠閒渡過的形式，我們的首度挑戰就在沒有意外、溫暖的氣氛下成功落幕。

參與這次預演的夥伴，後來變成了支持 H.O.W 活動的主要成員。藉由這次試辦，H.O.W 在實際執行中得到了不錯的反應，同時有了新的夥伴，我也就毅然決然承擔下「Happy Outdoor Wedding 負責人」的頭銜，將協助舉辦戶外婚禮變成自己的工作。

游擊創造所需的先例

不管我們如何直接詢問公園是否可舉辦婚禮，也得不到「許可」，而如果是其他活動還好，就婚禮這類活動的性質來說，在未取得同意下舉行，將會產生途中被警告該怎麼辦、被請離場該如何是好的不安。對新人來說總是希望得到一句「可以唷」

千葉縣茂原公園的婚禮（攝影：引山沙也加）

的同意，但對管理公園的單位來說，太過模糊的提案，會讓他們顧忌可能產生意想不到的風險，不是相當具有冒險精神的承辦人，大概也不可能只因覺得有趣就接受我們的提議吧。

我們因此仔細觀察每一座公園的環境、狀況，解讀他們各自擁有的規定，滿足於在規定內能最大限度地運用場地。舉例來說，受歡迎而經常人山人海的公園大多不適合舉辦，公園內最受喜愛的地點也讓給別人比較好，在與其他使用者保持距離下，遵從各別公園的規則佈置、設計活動內容。會場佈置上則注意讓物品保持最少，盡量不佔用空間。為了不讓聲音影響周邊，不使用音響而是讓大家享受安靜的現場演奏。

乍看之下是沒有事前徵詢、游擊式的婚禮，但並非「不管規則也沒差吧」、「影響別人也沒關係吧」等等，而是在解讀規則下，「這樣的形式應該沒問題吧？」、「這個場地或許有著這樣的可能性？」的提案式游擊活動。

如果是需要佈置、讓大家一起做菜、用餐的活動，則利用公園內的日間營地。附設有營地的公園，可在指定範圍內設置桌椅、用火，東京都內也有好幾座這種公園，如光之丘公園、小金井公園、平和島公園等。

如果希望能更清楚劃分區域進行佈置、招待更多的賓客、更正式舉辦時，我們就會撰寫完整計畫書後，帶著前往公園拜託。雖然一開始大多被拒絕，但等到我們有了更多實際成績、更多的媒體報導、我們的說明也變得更得心應手時，好幾座公園也願意核發正式許可給我們了。例如埼玉縣的秋瀨公園，他們在事先閱讀過我們寫有詳細計畫內容的企劃書，應允我們使用場地。為了表現舉辦婚禮不會影響周邊，也為了不讓管理單位擔心，我們會盡量將計畫寫得具體，並且依他們提出的變更指示、意見修正，反覆讓他們過目內容。這樣做之下，他們也給予了我們許多建議，如搬運器材進出的時間、路徑，音響的位置，流理臺的使用方法等。

最後最重要的是，主辦角色的新人也要跟協助他們的我們一樣有責任感，也要求參與的創意工作者、業者能有所共識。

實驗與分析、改進

隨著舉辦次數變多，我們在其中反覆實驗與分析，也發現了需要改進之處。例如我們發現帳篷絕對不可欠缺，雖然新人在意的大多是會不會下雨，但因希望舉辦婚禮的時期多集中在天氣良好的季節，屋頂作為防曬對策也不可或缺。為了不讓日光直射食物，餐飲區需要屋頂，特別是現場有高齡者、孕婦，考量到他們的體力，也應準備有遮頂的座位。除此之外，防風策略則是意想不到的盲點，特別是在海邊、河岸等處，以掛有邊布的帳篷為佳，這類帳篷可以防止設置在帳篷內的物品被吹走、或揚起的砂石波及食物等意外。也可以在一開始就找看看場地裡有沒有遮頂，如有的話就盡可能一併利用。如此一來，既能增加舉辦時的安心感，也可減少佈置所需的物品，同時降低預算。

一一列舉我們發現需改進之處將會沒完沒了，再提其中一項是垃圾減量。在初期時，舉辦一場婚禮產生的垃圾量多得驚人，因餐飲產生的垃圾之外，加上帶到會場的各別物品附帶的過度包裝，還有因損傷嚴重難以重複使用的布品、裝飾品等。在公園舉辦時，雖然原則上由參與的創意工作者、業者等一起分擔，帶走各自製造的垃圾，但量多到帶不走時請專門業者來處理也是方法之一。只是當會後，看到那些我們製造出來的垃圾時，心底仍然感到不為人知的枉然與內疚。因為這些經驗，H.O.W 的基本套裝服務中包含了我們認知到每場婚禮都不可缺少的物品，我們會請新人租用，而這些東西在其他場婚禮也可重複使用。我們聚集便於使用的立板、玻璃杯等，也在徵詢意見下製作較多人喜歡的類型，逐漸增加出租道具的數量，倘若我們自己無法應付也會加以利用租借公司的服務。在此同時也向參與的創意工作者提議垃圾減量，請每個負責單位盡量帶走他們所製造的垃圾。在這樣的作法下，垃圾量驚人地減少了。我們一邊摸索不帶給場地與周邊不好影響，更重要的是我們自己也開心的作法，回過頭來看才發現，H.O.W 網站的 STORY 裡已經刊登了許多案例。

分門別類使用露營場地

我們也會就目的分門別類使用場地。那些規模更大、更華麗，不適合在公園舉辦的婚禮改在露營場地舉行。希望有大型佈置、想要住宿、希望烤肉、營火等、或是想放聲盡情演奏音樂等主題的婚禮，就不強求在公園舉辦，而是找尋符合該企劃的露營場地。

營地大多由個人或民間企業經營，能否舉辦的標準清楚而易於交涉，因為是以盡情玩樂為前提的場地，要求相較公園也難度較低，還可依個別情況客製調整等。營地最大的魅力是與公園相比極其自由，但難處則在交通不便。婚禮大多會有遠道而來的參加者，若從機場、主要車站等再前往山裡的營地，對賓客來說負擔會變重。再者，因場地的性質，地面凹凸不平、設施物的結構等可能會讓新人擔心高齡者、身心障礙者或是孕婦、帶嬰幼兒來的客人能否參加，讓他們避免這類場地。從這個角度來看，位處地區中心、能輕易抵達的公園的魅力與可能性就相當大。

媒體曝光

集結在公園等各式各樣場地舉辦婚禮的樣子的STORY專欄，也曾登上其他媒體版面，也有些報章媒體是在讀過那些專欄後前來採訪。這些與早期採用者（early adopter）一起挑戰的情景因而得以在大眾面前曝光，也讓那些遲疑「真的能成功嗎？」、「怎麼做？」而遠觀的客群鼓起勇氣向我們諮詢。

我們為宣傳特別合作過的有：生活資訊雜誌、戶外生活雜誌、還有那些較吸引關心社會行動讀者的媒體等。如此一來，吸引了比過去更廣泛的客層，有著「想在自己的社區舉辦婚禮」、「想在最喜歡的公園舉辦婚禮」、「想樂在辦不鋪張的婚禮」、「想盡可能自己動手做」、「想和朋友一起做」、「想渡過悠閒的一天」、「想自己思考我們能認同的方式」等價值觀的新人，在各地都舉辦起戶外婚禮。

與在地合作拓展的可能性

當公園核發許可時，我們會努力依使用面積繳納使用費，這筆費用倘若能用在公園內的草地管理就會形成讓人高興的良性循環。我們還特意在舉辦婚禮時展現會場特色、地區資源等的魅力，像是引入公園內的活動、佈置上加入周邊區域的文化、從公園附近的業者進貨等。另外也號召在地人參加，要是能向會場、地區居民展現戶外婚禮對他們有加分效果的話，這類活動就會更容易被接受。

我舉一個具體的例子，由H.O.W原創的「婚禮回禮市集」，我們在婚禮會場內設置專區，擺放蔬菜、工藝品、在地歌手的CD等當地的農產品、商品，讓賓客以逛市集的方式選擇，取代一般的回禮禮物。賓客來簽到處時我們會送上交換券，請他們自己去交換禮物。有時也會讓生產、製造者和零售商等自行站在專區，如此一來就能促成在地與町外、縣外來賓的交流。

較小型婚禮的賓客約三十人，大型的則可達五百人。我們的戶外婚禮雖然不好計算平均人數，但最多的情況是八十到一百二十人。從前那些只流向大型婚宴會場

「婚禮回禮市集」展示在地自豪的特產品組合，
是H.O.W所設計項目在戶外婚禮中相當受歡迎（攝影：佐藤一夏）

所在地的都市、市中心的消費動向，也轉向新人擇選的地區。倘若可以在所有類型的公共空間土地上舉辦自助婚禮，那就算在沒有婚顧業者的小地方、偏遠地區、離島等都可能實現。許多時候超過半數的賓客都是從町外、縣外前來，這樣也能助宣傳地區魅力一臂之力。

愈加普遍的戶外婚禮文化

H.O.W自二〇〇九年創設以來，是以想舉辦婚禮的情侶為對象的媒體，過去主要的商業模式是企業對顧客，目前則傾力在日本各地增加可接受舉辦婚禮的公園。我們的目標是希望各個公園能設立窗口，讓申請手續、使用規則明確化，也就是想在實質意義上，增加「誰都可以舉辦戶外婚禮」的場地。

在此目標下我們展開新的行動，在二〇一七年設立 Happy Outdoor Wedding 的衍生服務 Happy Public Wedding。一方面準備以新人為對象的指南，可在會場使用的攤位、椅子等套裝組合，也在網站上累積在公園等公共空間舉辦的案例，向公部門、設施管理者提案地區研究、方案等，並提供協助創設、營運等服務。目前亦實際協助數座公園中，計畫從二〇一八年春天開始，逐步增加日本能正式允許戶外婚禮的場地。

創立 H.O.W 後我一直默默想著「希望戶外婚禮不要變成流行」。我衷心期盼它不是「短暫」流行就煙消雲散，而是讓這種形式變成婚禮的一般型式緩步根植各地。市民在自己的想法下驅使地區空間，在享受地區魅力下分享婚禮當天的喜悅，我期待這樣的生活光景能在未來遍地開花。

在大阪府的公園中使用的「Happy Public Wedding Kit」。
套裝組合的完成是由Happy Outdoor Wedding企劃、發想，TEAMclapton設計、製作。

case 2

Happy Outdoor Wedding

柿原優紀

一九八二年出生，在大阪、神戶長大。歷經英國葛拉斯哥藝術學院，畢業於京都精華大學藝術學步設計學科。在出版社參與書籍、雜誌編輯，赴國內外進行採訪活動。其後於澀谷區富谷開設編輯事務所。同時創立Happy Outdoor Wedding，在日本全國各地，推動建立D.I.Y之力串連地區空間與資源的婚禮模式。Tarakusa有限公司代表董事。

case

3

車站變酒吧

京阪電車中之島站月臺酒吧

吉城壽榮

平成二十八年六月二十二日，京阪電車中之島站的三號月臺出現了一座限期四天的酒吧。月臺旁停駐的七節車廂列車大門敞開，這是一場以月臺與電車為會場，讓來客享受酒、料理的活動。電車裡排列著販售生啤酒、京阪沿線的日本酒、關東煮、熱狗、可樂餅、罐頭、炸蝦飯糰、泡麵等的攤位。座位區每節車廂各異其趣，有在電車的長排座位前設置餐桌，將座位覆上吧檯桌站著喝的區域；也有鋪設紅毯與豎立日式紙傘的戶外茶宴風格；圍繞鐵桶、葡萄酒桶等的站立式飲酒區；兩側長排座位架上木板打造成略微高起的和室桌區；坑爐座位區。月臺則仿效昭和時期的酒吧風情，擺放以瓶裝啤酒籃搭成的桌子，車站月臺與列車搖身一變成為酒吧街。

會場從首日起就湧入大批人潮、熱鬧非凡，四天的到場人數約達七千四百人。申請採訪的媒體也超過十五家。除了關西區域，也在全國播放的電視節目中登場，讓中之島站得以在全日本露臉，同時讓同業的鐵路業者注意到中之島站。接下來我將介紹計畫這場活動的目的、背景與到活動當天的過程。

為宣傳中之島站舉辦獨特的活動

京阪電車是連結大阪、京都、滋賀的私人鐵路公司，主要是作為通勤、上下學、京都觀光等的交通工具，每日平均有八十萬名旅客。活動會場的中之島站，是在平成二十年十月十九日從天滿橋站，延伸三公里形成的中之島線中四座新車站的終點站。大阪的中之島地區是正在推動更新的區域，滿是高層辦公大樓的改建、摩天大樓住宅的建設等，另一方面，中之島線由於新美術館開幕與中之島線交叉的難波筋線延後開通等原因下，旅客比當初預計人數更少，知名度也不高。

中之島沿線存在地區團體「中之島西區促進聯絡會議」，他們試圖炒熱該地區，宣傳該地區四季的活動資訊、在冬天舉辦燈飾活動「中之島冬物語水岸幻想曲」等。京阪電車也參與於該團體，因此我也會出席相關活動。特別是在平成二十五到二十六年舉辦的燈飾活動中，巨大鴨型藝術作品「橡皮鴨」漂浮在堂島川上，如此衝擊景象吸引眾多人潮前來盛況空前。但到平成二十七年的冬季，橡皮鴨卻不能再漂浮其上了，在「這樣下去，中之島線冬天的載客量說不定會劇烈減少呢」的危機感下，在公司內提出不輸橡皮鴨效果的提案就是「中之島站月臺酒吧」，目的是以中之島站為會場舉辦活動，廣為宣傳中之島站、中之島線，同時吸引人們使用中之島線。

意想不到的一句「不是很有趣嗎」變成助力

雖然我有信心如果中之島站月臺酒吧能夠實現，並被媒體介紹的話，就能提升中之島線的知名度，但老實說自己也覺得真的要落實相當困難，甚至認為幾近無望。公部門有可能核准嗎？鐵路業者把車站與電車變成酒吧，社會大眾會怎麼看待？最根本的問題是實質空間能否應對等，怎麼想都覺得眼前豎立著過多的障礙。

但讓我不顧一切在公司內提案的契機之一，是當年社長的新年致詞中出現的「創生果敢」這句話。我想著「創造出新事物果敢進攻」不正是指中之島站月臺酒吧嗎？

「總之先踏出第一步」，第一步是找管轄中之島站的大阪區長（站長）商量，為了讓活動成功，統管作為預定會場的車站的區長的贊成與協助不可欠缺，所以我想先了解現場指揮的區長的反應。在我誠惶誠恐向他說明內容模糊的企劃案後，沒想到區長居然不知不覺站在參加者的立場對我說：「這不是很有趣嗎。如果能在電車裡掛上門簾會很有趣呢，聽說以前壽司店會用門簾擦手，要是能這樣我到想去看看吶。」他愈說愈興奮。我對區長萬分感謝，既然已經到這一步了，只能抱持粉身碎骨在所不辭的精神前進了。

美術館列車、關東煮de電車等先例

中之島線月臺酒吧的想法源自平成二十二年京阪電車開通一百周年所舉辦的紀念活動「美術館列車」。美術館列車是將 2006 系五節車廂的電車裝飾得像美術館，其中展示京阪電車這一百年的歷程、公司收藏的銘牌、原創商品、傳單、模型等。電車化身成美術館的強烈印象，加上展示內容對鐵道迷、沿線相關人士們都相當懷舊，因而博得各方好評，十三天的展期有超過一萬八千人到場。

當時負責開通一百周年計畫的我，在美術館列車的首輛車廂入口分發介紹冊子給來賓，那時我腦中邊妄想著「不只展覽還能吃吃喝喝的話會很開心吧」。中之島站

美術館列車

的三號月臺不供日常列車行走使用，軌道只有單側，另一側是牆壁較容易確保安全，結構上也可用隔板簡單與日常列車行走的一、二號月臺區隔，所以我認為當作餐飲會場沒什麼問題，雖說如此卻苦於沒有機會提出這項企劃，何況自己也覺得無論從哪一面向來想都太過困難應該難以實現，直到此時都未曾提案。

附帶一提，當時公司所辦理與酒有關的活動，是在大津線的石山寺到坂本間實施的「關東煮 de 電車」、「啤酒電車」，這些列車相當受歡迎總是銘謝客滿。一人三千五百日幣（平成二十六年舉辦時），提供

case 3

京阪電車中之島站月臺酒吧

關東煮de電車(おでんde電車)

啤酒等飲料，夏天附帶便當，冬天則是關東煮。活動用列車以紅色門簾、貼紙裝飾，完全變成就像居酒屋一樣。二節車廂的列車會行經某段琵琶湖岸，所以車窗風景也相當別緻。

京阪本線也有過名為「京都日本酒電車」大受歡迎的企劃，車上提供京都伏見的日本酒加上京都名店便當的套餐。這些活動都與酒有關，也都相當受歡迎。

從讓電車長時間停駐在月臺這點來看，早已在美術館列車時有過，從有酒這點來看，也曾辦過關東煮電車、京都日本酒電車。將這兩項元素加在一起就成為中之島站酒吧，我說服自己這麼一想實現也不是不可能。

每天都在跟相關單位確認

區長的贊成給了我勇氣，接下來是向負責事業推進的部長、負責的董事提出企劃案，並就預算金額商討了一番。此時也出現「真的有可能舉辦這種活動嗎？」的聲音，在我以「當然如果不行就會放棄，請先讓我跟各相關單位確認是否可行」為由拜託下獲得同意。那之後就開始每天跟各相關單位一再確認的日子。

首先是跟列車部確認這類活動能否使用列車，諮詢了列車型號、時期與期間的限制等。列車通常為了預防故障等情形，會保留二節車廂作為備用。定期檢查、維護等是依序進行，必須避開備用車廂欠缺的型號、時期等。考量這些原因下，2200系七節車廂的列車名列候選。舉辦美術館列車時恰逢2600系列車預計報廢，但這次卻沒有即將報廢的列車，借來辦活動後必須立刻回復到日常行駛狀態。

已有候選列車後，在進行公司內各部屬的協調作業前，我想著法規上不允許的

左 中之島車站 右上 2200系列車 右下 中之島車站三號月臺

話該如何是好，因而先行前往各相關行政機關拜會。

最初拜訪的是大阪市建設局路政課。它是管轄道路的局處，中之島站位於道路正下方，不同於一般營業時的使用或是要設置什麼等情況都必須申請並獲得核准。擁有車站設施的中之島高速鐵路有限公司的課長陪同我前往。我以為要將月臺當作活動會場的難度最高，但因三號月臺平常就處於封鎖狀態，所以大致獲得同意，他們表示等到細節確定後需再行報告實施內容。

接下來拜訪了近畿運輸局鐵道部，列車部也陪同我前往，諮詢車

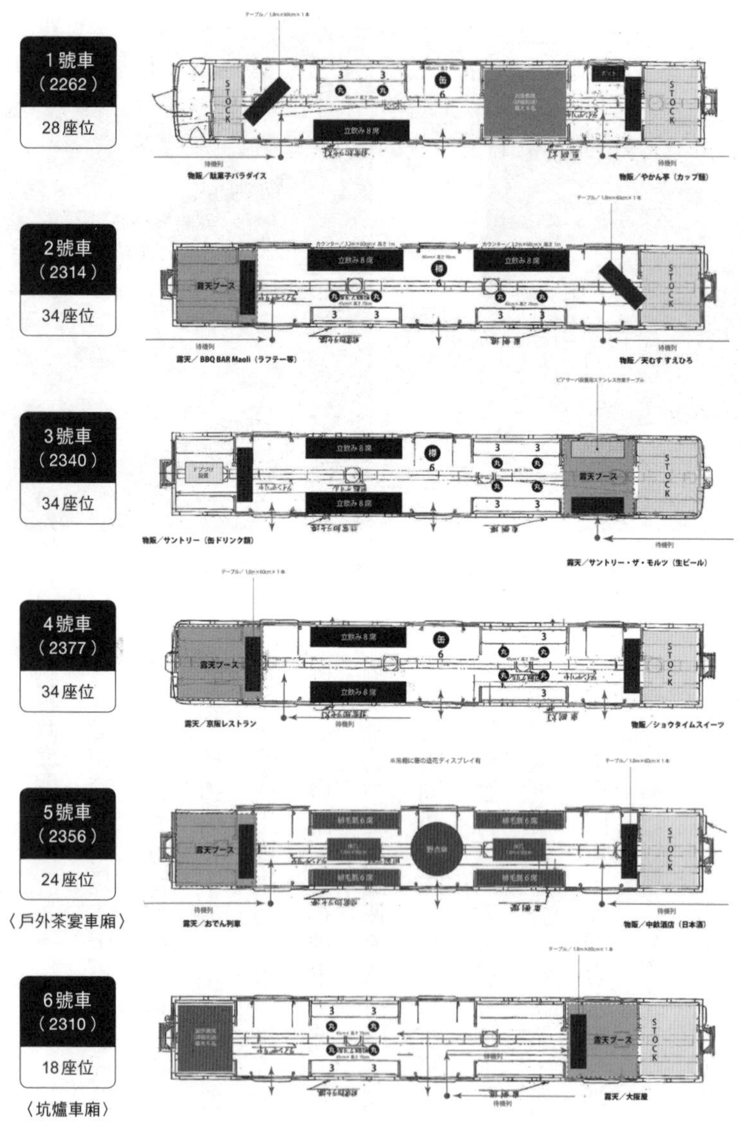
1號車
(2262)
28座位
STOCK
立飲み8席
STOCK
物販／駄菓子パラダイス
物販／やかん亭（カップ麺）
2號車
(2314)
34座位
立飲み8席
立飲み8席
露天ブース
STOCK
露天／BBQ BAR Maoli（ラフテー等）
物販／天むすすえひろ
3號車
(2340)
34座位
立飲み8席
立飲み8席
露天ブース
STOCK
物販／サントリー（缶ドリンク類）
露天／サントリー・ザ・モルツ（生ビール）
4號車
(2377)
34座位
立飲み8席
立飲み8席
露天ブース
STOCK
露天／京阪レストラン
物販／ショウタイムスイーツ
5號車
(2356)
24座位
〈戶外茶宴車廂〉
緋毛氈6席
緋毛氈6席
緋毛氈6席
緋毛氈6席
野点傘
露天ブース
STOCK
露天／おでん列車
物販／中鉢酒店（日本酒）
6號車
(2310)
18座位
〈坑爐車廂〉
露天ブース
STOCK
露天／大阪屋

列車配置圖示意

廂內改裝事宜。將車廂內的座位改成吧臺、墊高設置和室桌、打造販售餐飲攤位等，我一邊展示我笨拙的意象圖邊請他們確認內容。以圖面展示改裝狀態的車輛不供行走使用，只在靜止狀態下經營，約半數的車廂是大門敞開的狀態，為因應緊急狀況也在兩邊留設避難用通路等。這部分在這一階段也沒有什麼問題，待細節確定後再次報告即可。

能獲得大阪市建設局與近畿運輸局的同意，我感覺像是越過了一座大山。

終於組成企劃營運團隊

公司內部在平成二十七年十月組成活動的企劃營運團隊，成員包括我所屬的事業推進責任區域戰略部長與我、市場行銷宣傳的部長與課長、鐵道部門鐵道企劃課課長與股長等共六人，我們大約每周一次開小組會議。此外，活動實際運作，則委託過去曾協助我們活化中之島線相關活動的公司：BIG APPLE PRODUCE。

小組會議最初的課題是舉辦日期，話說這項企畫原本是為了炒熱在十二月舉辦的「中之島冬物語」而提案，但卻因需協調的部署繁多，時間上完全趕不及。如此一來，何時舉辦就變成課題，時間就在遲遲無法定案下流逝。

進入十二月，酒吧重點的出攤者確定，我們邀請總公司在中之島線沿線的三得利出攤。因為是首度舉辦的活動未知能吸引多少來客，所以擔心是否可以得到好的回應，卻在年初時獲得三得利回覆「黃金周前想舉辦『香味艾爾』的促銷活動，如果是四月下旬的話我們可以參加」。只是在我們嘗試整理作業日程後，發現來不及在四月下旬舉辦，只好再次延期。後來在團隊抱持這次一定要訂下日期的決心下進行討論，終於拍定六月二十二日為開幕日。

氣味、油煙等問題

再次拜訪三得利對舉辦時期延後致歉，與再次拜託能否參加，感謝他們仍願意接受邀請。因為時間改變，啤酒種類也改成「THE MALT'S」。在三得利願意擺攤下，我們將會場內販賣啤酒的攤位集中到三得利一間店鋪，此外決定再招募十家左右的餐飲店，接著便著手撰寫出攤招募辦法。

當然電車、月臺等並非為了烹調而設計，一旦打算在這裡烹調時就會出現許多限制。首先是電容極其有限，只好限制烹調器具的種類、數量等，且附近既沒有排水設施也未設垃圾場。區長則希望不要有強烈氣味飄向正常使用的月臺。再加上應該還會有來自衛生單位、消防單位等的指示。

為此，由營運團隊先進行烹調實驗，我們將電烤盤搬到三號月臺，試著烤串燒、熱狗香腸等。烘烤串燒後到使用中的月臺確認聞不到味道。又請電力部陪同確認會不會因電烤盤的熱、煙等觸動火災警報器，爬上梯子在火災警報器正下方烘烤雞肉串它還是毫無反應。實驗時是只有一臺電烤盤的情況，長時間烘烤大量香味四溢的食物想必還是會產生影響吧，因此朝禁止烘烤塗醬、油炸食物，燒烤熱狗的程度則OK的方向推進。

裝飾意象圖

相左的衛生局與消防署的指導

三月上旬拜訪衛生單位，說明想在月臺與電車內擺攤營業。伴隨烹調行為的擺攤營業時，攤位設置的帳篷，扣除出餐給客人的那一面，兩側與背面的三面與頭頂處須被覆蓋。因此計畫設在月臺的攤位，是三面包圍式的帳篷。我們想電車內的攤位因為有天花板也有牆壁不需要帳篷，但衛生單位卻答覆電車內也需要帳篷，後來是將桿子穿過拉環吊掛當作橫樑再掛上布，以這樣較便宜就能達成三面包圍狀態的方式因應。

接著拜訪消防單位，說明會場布置的概要。但這次卻被說因為發生火災時無法偵測、灑水裝置無法充分運作等理由，不得以帳篷等遮蓋天花板。衛生單位需要天花板、消防單位則不可以有天花板這般完全相反的指示讓我思考停擺，甚至想著計畫就到此為止。最糟糕是規定只能供應乾貨類食物，但如此必定會讓活動的熱度下降。在尋覓不著出路苦惱不已的時候，我們在幾天後接獲消防單位來電：「發現車站月臺的天花板未設灑水裝置，所以將天花板遮住也關係。烹調在三百度以下就沒問題。」我打從心底鬆了一口氣，如此一來就能往前邁進，也可以在擺攤辦法裡加上使用調理電器烹調就OK。消防單位向我們再次確認「活動是由京阪鐵路主辦對吧。」我想他這麼問是因為只要是由鐵路公司主辦，就能期待在活動時有萬全的安全對策。

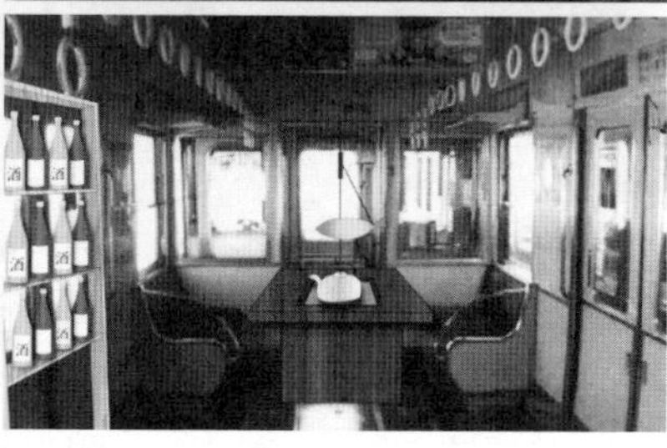

車內的配置意象圖

再來是跨越公司內的障礙

依衛生與消防單位的指導，畫下月臺五家與電車內五家攤位的配置圖召開小組會議，這次出現的卻是公司內部的障礙。負責鐵道的同事表示，在月臺搭設如帳篷般的布製品，無法保證一定不會被列車行駛經過時產生的強風吹翻。因此修改成設置比帳篷更具份量的貨櫃屋方案，卻被指出如此一來要將月臺用作緊急疏散時，就無法速迅拆除。因為是以安全穩定運輸為使命的鐵路事業，最終還是放棄月臺上的攤位，將帳篷全數設置在電車內。

就此確定攤位的配置與出攤的條件開始招募出攤者。招募是在活動訊息公開之前，我們因此到處詢問過去曾經合作過的業者。販售罐頭、日本各地泡麵等某部分是因應萬一衛生單位不核准攤位販售時的對策，且在看似會受歡迎的原因下保留。另外，為了讓活動成為能傳達京阪電車、京阪沿線魅力的機會，拜託在大津線大受歡迎的關東煮de電車（おでんde電車）的關東煮，可一次品嚐比較京都、滋賀、大阪產日本酒的中畝商店，販售滋賀縣產珍饈的至誠庵等參與擺攤。中畝商店向我們提議，推出貼有中之島站月臺酒吧原創標籤的日本酒，還在標籤上動了個小手腳：每十二瓶中只有一瓶是京阪特急的圖樣。出攤店家在五月底幾乎底定，其後開始就各攤位的菜單、販售價格、廚房機器的電容等協調。

活動運作的規則

黃金週連假過後，與招募店家同步進行的，是與各部署討論活動的運作方式。因為是在列車正常營運下舉辦的活動，與鐵道部門的協調就必須特別細密。

像是在活動期間的四天中，我們使用的列車是要直接停著，還是每天要回到車庫。如果是每天要從車庫開來再開回去，那麼每天就必須增加二班臨時列車的時刻，還必須安排每日往返的駕駛。反過來說，如果將電車停在中之島站不動，那在末班車後與首班車前的車站管理運作方式就要重新設計。最後決定首度舉辦的本次活動，電車每天都要開回車庫。

再來是會場佈置的用品、器物、商品的搬運等規則，車站未設有商用電梯，無法從樓梯搬運的物品，則在負責人監控下使用一般電梯。使用次數也有必要設法盡量減少，後來決定，出攤店家的商品使用電梯，主辦單位所準備的會場佈置物品、桌椅則不使用電梯。在酒吧關門後，每天都要將設置在月臺上的所有東西撤離，桌、椅一類放在使用的電車裡，省去從樓梯搬運的力氣。

意想不到，在討論上耗費許多時間的是電車門的開關。月臺酒吧營業時間中，靠月臺側的電車門將一直呈現約半開的狀態。一般來說，電車門打開的時間非常短暫，就算是待機時也不會超過十分鐘。要開著不關五小時以上，對電車機器的影響甚鉅，可能會導致性能變差、故障等。酒吧營業中必須開著冷氣、電燈，所以也無法關閉機電系統。如果應該開著的門不小心被關上就糟糕了，最後決定以手動開門，加入不被誤關的巧思。這項工作只有負責鐵道的人才能執行，也請他們替我們安排了人員。

我們也跟列車部仔細討論，請他們為我們在活動的四天時間與前後各一天保留2200系列車。活動從星期三到星期六，星期二場佈、星期天撤離、打掃，必須在隔天週一回復到正常營運的狀態。為了在一天內有效率地完成電車內的佈置，事先前往車庫勘查，制定用品堆放的路線、程序等的計畫。

五月二十四日發布新聞稿，最先有反應的是梅田的站立式居酒屋——大阪屋，他們希望能參與活動擺攤。出攤店家早已確定，但因為是相當符合活動理念的店家，在調整後讓他們能夠設攤。也有樂手想在會場彈奏原聲吉他，雖然我們很想讓它實現，但音樂可能被正常行駛的電車通過時的聲音掩蓋而放棄。不過，被各方認同企劃內容，讓我相當開心。

活動舉辦的兩個星期前開始在京阪電車的主要車站發放傳單，電車內的吊掛海報則是在一個星期前掛上，活動逐漸被眾人所知，但申請採訪的卻只有一家，雖然忐忑不安，逼近活動開始的前二、三天，電視臺、報社等的採訪申請卻突然不斷湧入。原本由公關在活動前一天安排了受訪時間表，後來甚至因為來了新的採訪申請而被協調作業追著跑。

「中之島站月臺酒吧」終於開張！

活動首日的六月二十二日星期三，預計下午五點開場，從十點開始佈置會場。依序將物品搬進會場、張貼指標、設置報到區等等，出攤店家也在當天的早上將啤酒機等器具搬進會場等。

開幕前約一小時，活動用電車駛入了中之島站。電車門打開後，固定車門、裝設安全柵欄、佈置物品、設置臨時插座、出攤店家的攤位佈置等同步進行。另一邊在特別設置的入口處已經開始有客人在排隊等待入場。電視臺、報社等也陸續抵達，開始採訪。我也因被追著應付採訪，難以掌握整體進行狀況下慌張了起來。

轉眼就過了一小時，下午五點整中之島月臺酒吧終於開張。入口排隊的人潮走下樓梯，湧入月臺樓層所在的會場。在報到處支付一千日圓的入場費換取一百圓券共十張一千圓份的現金券。活動就在在啤酒攤位排隊的人、佔位的人、總之先拍攝

case 3

京阪電車中之島站月臺酒吧

會場的景象

會場照片的鐵道迷等各自分散在會場內下開場。來賓對這樣新鮮的活動表示「很棒！」、「有趣！」、「很開心！」，耗盡心思的和室桌座位區旋即客滿了。

因出乎意料的進場人潮而慌亂

我高興於「氣氛很好熱鬧滾滾」也只是一瞬間，月臺擁擠地就像滿載乘客的電車。現場人數達到五百人左右，擁擠程度已達到無法容納更多人進入的狀況。雖然採取限制入場，只讓與出場人數相當的人入場，但等待入場的時間與隊伍卻愈拉愈長。擁擠不堪下讓顧客的滿意度、舒適程度急驟下降。啤酒攤前出現長龍，食物也陸續賣光。關店時間的下午九點前三十分鐘，生啤酒機就因為過熱無法繼續販售，只好在說明啤酒已經售罄下讓客人進場，打著酒吧名號卻沒酒完全無法推託。第一天的營業就在一片混亂之中結束。當天來賓約有一千人，原本預計四百五十人左右，卻來了兩倍。因為光這一天就有高達十二家媒體採訪，心想第二天會有更多來客吧，隔天為止必須解決的問題堆積如山。

營業時間結束後，又開始慌忙收拾。出攤店家必須在電車發車的一小時前整理完畢。主辦的我們邊撿拾電車內的垃圾、擦拭打掃，將設置在月臺上的桌椅搬上電車。一小時後，在嘗試開關電車門數次後，電車回到了車庫，清潔業者已在車庫等著打掃。送走電車的我們則整理月臺、清運垃圾，向中之島站報告當日情形後結束第一天。

隔天我們拜託出攤店家準備兩倍的商品，特別是啤酒，廠商幫忙增加了四臺生啤酒機。因為有許多客人向京阪電車各站詢問，我們也請各站準備應對說法、「客人過多可能難以入場」的說明廣播文等。逼近開場時間下，出現比昨天更長的隊伍。電視等採訪的效果完美顯現，持續入場要排隊一小時半的狀態，也受到客人斥責

「終於進場又要花四十五分鐘買啤酒」。都已經增設了生啤酒機卻還是完全應付不及，桌椅也不夠，急忙準備了車站會議室的十張長桌還是不敷使用，許多人直接坐在月臺上。第二天的來賓是一千五百人，比前一天膨脹了一點五倍。

第三天將啤酒賣場分成兩處，終於得以讓等待啤酒的隊伍變短。這天的來賓是一千五百人，不巧碰上下雨天，但也因為是在地下室的活動，並未讓人潮減少。

最後一天的第四天是星期六，希望能讓人們可在假日白天飲酒作樂，而在下午兩點開張。開場前的來客隊伍最多曾達二百人以上，中之島站超過一百公尺的長廊通路也不夠排，延伸到朝向一樓的階梯中段。平日的來賓以附近的上班族為主，假日則有許多帶小孩來的家庭，這點讓我非常欣慰。等到最後一天運作總算變得順暢，營業時間內一直熱鬧無比，但等待時間卻相當程度地減少。這一天的來賓數是平日的二倍約達三千人，最終順利落幕。

第三屆活動會場的景象

不單是交通運輸設施，還進化成人與人的交流之地

活動結束隔天的週日，我們花一整天在車庫進行打掃與撤除作業。在陽光下看，才發現琵琶湖珍饈的諸子魚甘露煮[2]殘留在地墊上，出現一些正常營業中絕對不會出現的垃圾、髒污，我們才感受到每天深夜在車庫幫忙打掃的人們有多麼辛苦。

車站的月臺也變得相當髒，在活動中販售的油漬沙丁魚罐頭裡的油沾染到月臺地面，用了清潔劑還是難以將污漬跟氣味去除，最後只好請專門的清潔公司來處理，也讓我們決定以後不賣油漬沙丁魚和在月臺掉滿地的毛豆了。

活動所用的電車就這樣回歸日常運輸，我自己則在活動剛結束不久，旋即於七月一日異動，在還沒能充分向協助的各方人士報告、表達感謝下就匆忙往它處走馬上任。同一年冬天、隔年六月也都舉辦了中之島站月臺酒吧，累積了許多運作的訣竅。

這次活動讓我再度驚奇的，是身著制服在會場來回走動的鐵路工作人員受歡迎的情況。不知道是誰起頭拜託穿制服的鐵路員工一起拍照後，甚至出現想合照的長列隊伍，我想這就是中之島站月臺酒吧的魅力。日常運輸的電車從旁駛過，有著真正的鐵路工作人員的真實場景中卻出現酒吧，或許是在日常情景中突如其來出現的異常空間讓人興奮吧。

車站是城市的門戶也是交匯處，各色各樣的人們互相來去。所以我才希望它不只是交通運輸設施，還能作為人與人的交流之處、傳播資訊的基地，並發展成產生地區能量的地方。

2 一種熬煮類的日式料理，生魚經過乾煎後加入醬油、味醂、還有多量的糖等熬煮而成。

禁煙
会場内
セルフサービス
京橋・枚方市
三条・出町柳 方面
for Kyobashi, Hirakatashi, Sanjo, Demachiyanagi
3
おでん

第三屆活動會場景象

case 3

京阪電車中之島站月臺酒吧

吉城壽榮

一九六九年在神戶出生，現居大阪市。一九九二年進入京阪電車鐵道有限公司，任職宣傳課負責製作沿線資訊雜誌，在運輸部擔任鐵路運輸需求預測、比壑花園博物館的企劃執行，及參與京阪電車開通一百週年活動、沿線的活化計畫等。現被外派至大阪商工會議所，負責水岸與船運的活化。興趣是每月一次的溫泉旅館巡禮。

case

4

走讀事業的幕後 進化後的觀光
漫漫京都

「漫步」中

以倉敬之

「走讀」愈來愈受歡迎。過去提到旅行，不少人都是在溫泉區享用美食、在投宿處悠閒渡過；相對於此，近年來人們的的興趣轉向，開始會想在旅遊地點隨性漫步，並親身體驗當地生活、風俗民情等。跟團減少，獨自旅行增加也是特色之一。

另一方面，因住宅大廈增多，重回都市中心居住等的都市居民因此增加，結果加深渴望了解、更享受居住周邊區域的需求，也就是說，人們對所在地區的興趣增大。大型旅遊社大肆宣傳的促銷活動、夢幻主題樂園、投注稅金打造的華麗節慶活動等等。對於在滿是「異於日常」種種的現代，如今反而是對讓日常生活更有意義的走讀旅遊的需求更大。

我在高中輟學後，就進到吉本興業的子公司工作，其後離職創業，在大阪經營活動企劃公司，又在移居京都之際，開始街區走讀旅遊「漫漫京都」。原因很單純：我想既然有機會在這裡居住，就希望能認識當地有趣的人，也期待更享受京都生活。相較其他地區由公部門主導、或接受補助金等的走讀旅遊極其多的情況下，不倚靠稅金、完全由民間獨立經營的漫漫京就顯得相當稀罕，因而讓它備受矚目。一但使用了稅金，就會被要求要平等地在全市各處舉辦、為社區營造等沒有根據的效果努力，偏離原本「想讓大家更樂在當地」的目的，何況只要經費告罄計畫就結束了。

case 4

漫漫京都

漫漫京都的網站

如果不是稅金，而是在參加費收入下能夠出現盈餘，就能單純以參加者的滿足程度掌握成敗，只需要思考「怎麼做才能讓內容有趣」，也才能持續舉辦高品質的旅遊。在期待像我們這樣獨立經營的有趣走讀旅遊能在日本各地愈來愈多之下，我想在此紀錄漫漫京都的幕後故事、作法訣竅等。

漫漫京都

「漫漫」（まいまい）是意味著「徘徊」的京都話，用法如「放學後

漫漫晃回家」，聽起來可愛，且包含不直接朝目的地前進的行動才有趣的意義下，我取了「漫漫京都」這個名字。

為了讓在地、附近的朋友都能沒有負擔地參加，我們的行程幾乎多半是二到三小時的半日行，參加費則落在一人二千五百到三千日圓。為了讓參加者與導覽人容易交流，每一團的上限人數維持十五到二十人。我們重視的是在一點五到三公里的短距離下，邊欣賞瑣碎事物邊漫步緩行。

漫漫京都在二〇一七年約舉辦了六百場旅遊，參加率達百分之九十八，年度參加人次超過一萬人。每一場次都在活動日前一個月的一號公布，也有不少行程在開放登記就同時額滿。參加者中約四成來自京都府內，七成五來自近畿地區，女性佔六成，男性四成。年齡層則相當廣泛，從十幾歲到八十幾歲都有，但以三十到六十歲仍在工作的世代居多，因此我們將旅遊主要集中安排在週末。我親身體會能夠認識京都不同一面的走讀旅遊的愉悅，也相信無論觀光客與在地居民，跨越世代都能有同樣感受。

其中最耐人尋味的是有七成多的人是獨自參加，更有不少一開始是夫妻、朋友一起參加，之後卻變成個別參加不同行程，詢問他們原因，答案是：「時間、偏好、

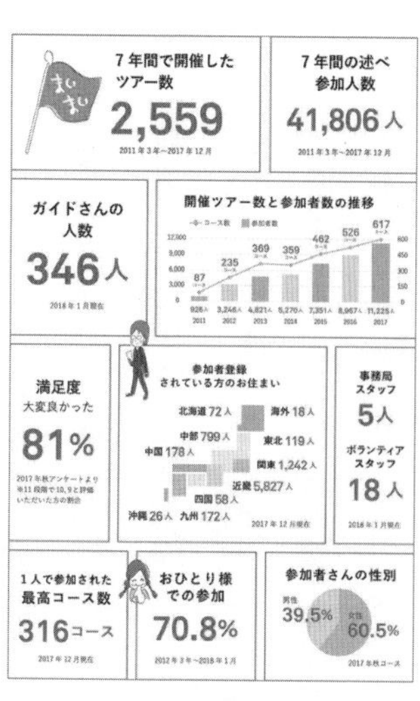

從數字來看漫漫京都
（參考：http://maimai-kyoto.wixsite.com/5th-aniv/blank）

價值觀等要互相配合很麻煩。」喜愛類似的參加者們也有許多變成好朋友，各自選擇參加哪一個行程，在前往之處和氣融融地渡過，是很令人高興的狀態吧。

參加者約有八成都是回頭客，還有至今參加超過三百場的重度常客，許多人都是參加一次後就迷上了。甚至還從中衍生出參加者自發成立的「攝影社」、「鐵道社」、「甜點社」等社團活動。又因為幾乎都是獨自參加，不會產生生人勿進的氣氛。即便散步途中與隔壁的人開心大聊，等到導覽人說話就認真聽講、歡笑，時而提問。有賴熟悉這種歡樂模式的回頭客們，就算是第一次參加的人也能毫不彆扭地融入。

我們也鼓勵旅遊結束後，邀請導覽人、希望參加的參加者一起喝杯茶或吃午餐等等，「聽到了旅遊的背後故事」、「跟其他參加者變好朋友」等廣受好評，參加者之間的交流還可能創造回頭。附帶一提，聽說在漫漫京都認識進而結婚的情侶共有六對。

特色是對當地愛意滿溢的導覽人

漫漫京都最大的魅力是滿溢「愛意」而各具特色的導覽人。御用園丁、落語家、考古學者、女性僧侶、建築偵探、廢棄鐵道宅、在地主婦、妖怪的後代等累計四百人以上類型豐富的導覽人，他們各自以其擅長主題導覽街區。

經常有人對導覽人訓練方法感興趣，但我們其實並未加以訓練。導覽人不是招募、培養形成，而是在工作人員的主觀下，尋找有趣的人拜託他們。我們平常時候就大開訊息探測器，透過朋友介紹、書籍、社群網路等，總之就是要找出有趣的人。一地最大的魅力是「人」，只是事先設定行程路線、走讀地圖後，再招募能夠導覽的人，並不會讓事情有趣。重要的是別去培養不有趣的人，因為培訓一個星期左右，那種被填鴨得到的知識怎樣都不會有趣。

無論工作或學習還是玩樂，只是「知道」跟所謂「入迷」、「樂在其中」的人差距甚遠。正因為是導覽人藉著工作、興趣、生活等，每天思索、體驗的內容所以才有趣。有趣的是只有特定導覽人才能帶領的特定行程。對在地的愛、對工作的愛、鑽研到極致的興趣、對生活在其中的人們的愛，即使導覽技巧不專業，那份滿溢的愛情也會逐漸傳染給參加者。我們一直希望創造這樣的旅遊。只要有有趣的導覽人，就能創造出無限的行程。

決定導覽人後的下一步是竭盡所能激盪出行程的名稱，導覽人想傳達的與參加者期待的，兩者不相矛盾且能最大程度引發興趣的名稱是什麼，避免艱澀用語，轉換成讓人開心的說法。「跟誰」去？去「哪裡」？要是那種光看名稱就可以想像內容的。

參加者是以名稱決定要參加哪一場旅遊。我們拜託導覽人在實際導覽中也要牢記行程名稱，說明文章、示意圖等，也是工作人員與導覽人彼此討論下，以能讓名稱發揮最大作用的方式製作而成。名稱對能否吸引客人影響甚鉅，也限制了行程內容。我們甚至有時花費好幾小時來決定一場旅遊的名稱。

參加費用乘上參加人數減去成本（參拜費用等）後，約四成的收入當作導覽費交給導覽人。雖然因參加費、參加的熱絡程度有所變動，一場大約是二萬日圓左右。參加費並不是便宜就好。付費到某種程度，能讓參加者更積極參與，因為他們希望在享樂程度上回本，何況如果導覽人不樂在其中也就不會盡力準備。這樣的相乘效果最重要的是，能創造出歡樂時光，媒合兩者正是漫漫京都的事業核心。

除此之外，導覽人本身膩煩的話就會降低旅遊的魅力，有些行程即便有需求也會請他暫時休息（中斷一季），一位導覽人在一季中負責的旅遊團也是約一次到數次。不讓活動內容僵化。讓導覽人持續保持緊張感、雀躍也是吸引參加者的重要因素。

每年超過六百場各式各樣的行程

接下來我將介紹幾個漫漫京都的行程。

「【無鄰菴】參觀御用園丁的工作！創造著名庭院之美，接近那神乎其技與意念～園丁的七種工具、觀賞法、表情、珍惜法，從南禪寺方丈到野花綻開春天的無鄰菴～」，「【淨住寺】參觀佛師的工作！維繫佛像過去與未來的工匠世界～葉室山淨住寺方丈獨佔參拜、參觀修復中的佛像、造訪佛師的工作室～」。這些行程是導覽對工作的熱愛。其他如建築師、甜點師傅、考古學家、和尚、飯店工作人員等，懷抱熱愛、盡情工作的人看起來既帥氣，工作本身又能成為行程內容。窺探他們工作不為人知的一面，接觸其技藝、

御土居之旅的情景

意念，有著由本人擔綱導覽才有的趣味。如果能知道日常景色是因各式各樣的「工作」而生，就會讓街區看起來更加可愛。

「【御土居】」曾向塔摩利先生介紹的行程與在御土居Oh！環繞京都的巨大土壘～京都高低差崖會凸凹旅遊！朝巨大城牆連綿的鷹峰臺地前進～」，「【西院】和廢河道探險家小玉一起尋找夢幻運河——四條川～高過屋頂的河川遺跡！即便河川消失．地形也不會遺忘～」。這類行程介紹鑽研到極致的一般興趣，也同樣備受歡迎。高低差？廢河道？切莫看輕他們，仔細漫步該地就會浮現深奧的魅力。在行程快結束時，導覽人的「愛」完全傳染給大家，對街區裡約略起伏、奇怪的曲折在意得不得了。從鐵道到佛像、植物、糕餅內餡、人孔蓋，透過愛情洋溢的導覽人之手，街區就像座寶山，盈滿有趣、歡樂的事物。

「【本願寺門前町】跟著門窗店老闆尋訪門前町的老店～御用甜點、御用茶、京佛具、老香舖等等本願寺的御用店家巡禮～」，「【出町柳】跟在地主婦一起造訪夢想樂園出町柳！探訪巷弄與個性小店～拼裝進行中，拜訪左京區文化～」。這類導覽是對當地的愛的行程。對在當地出生、長大的導覽人來說，陌生人難以搭話的老店老闆是社區裡的阿伯。對導覽人來說，是與日常生活中的熟人間的對話、回憶等，所以才有趣。導覽人與當地的親密關係讓參加者與社區瞬間就融入彼此。

「【鹽小路幹線】一起深入地底三十公尺，探索儲存雨水的巨大隧道～京都的地底有著「太空船」？！前往平常禁止進入的施工現場～」，「【動物園】大人的動物園探險之旅☆附加籠內參觀～為小象激動！因猩猩感動！跟飼育員一起逛京都市動物園～」。這種跟公部門一起策劃的行程也愈來愈多，但這都不是使用稅金的受託案件，這麼做的話行政機關就會變成我們的顧客，失去原本讓參加者樂在其中的目的。我們只是運用他們的長處，一起策劃行程。由自來水處職員、飼育員等站在公部門的立場，卻也有其有趣角度的人擔任導覽人，我們原則上只以參加費收入來經營旅遊。

「【永樂屋】十四世細辻伊兵衛為您介紹日本最古老的棉布商——永樂屋～參觀秘藏寶物、包巾的活用技巧、贈送限定版包巾～」，「【SPREAD】全球最大蔬菜工廠！前往一天生產兩萬顆萵苣的龜岡 SPREAD～控制空氣、陽光、水之下生長的黃金萵苣，附贈萵苣蔬菜汁～」這種成人的社會體驗、京都企業的探索之旅也很受歡迎。我們跟京都商工會議所從二〇一四年秋天開始，每年共同舉辦二十場左右。街區的魅力不只是寺廟、歷史遺跡等，也深受當地企業、店家的影響。如果能知道在那裡有什麼樣的人、懷抱什麼樣的心思在工作，就會變得更喜愛這些日常經過的街區。有許多公司就算在平時難以開放參觀，但在旅遊時僅限當天、某個時段開放的話就沒問題。以企業對企業交易為主的公司也曾開心向我們說：「能直接聽到一般顧客高興的感想，是對我們工作的鼓勵。」

也有像「【東七條】跟著部落[3]史研究家散步去，膾子手又次郎的時代～一起變成山水河原者的後代！從崇仁地區到六條河原刑場遺跡～」，「【宇土口】前往日本韓僑聚落，探訪韓國大媽們的生活～勞工日常使用的飯場小屋，正在拆除中的戰爭痕跡～」這類行程。雖然我們並不特別在意，但這種行程最近似乎還被稱作暗黑旅遊。被差別部落、日本韓僑聚落等容易被視為禁忌，社區卻已長久根著該地，不去掩蓋，也不特意張揚，我們與希望大家知道這樣區域的存在與它真實樣貌的在地居民一起舉辦走讀旅遊。不是大聲疾呼人權的行程，而是讓人們體驗城市多元一面的安排，我想重要的是將它放進所有行程之中。

漫漫京都是從二〇一一年春天開始，第一年有八十七場旅遊、第二年是二百三十五場……不斷增加到二〇一七年約六百場。不論是京都或其他地區的魅力都來自其多樣性與重層性，我們的旅遊行程不斷增加，種類愈加豐富，是想要讓京都的多元具象化與大家同樂。歷史、文化、宗教、故事、妖怪、高低差、超藝術Thomasson、魑魅魍魎、複雜且不可思議等百花齊放是城市的魅力，用全身來感受這些正是走讀街區的妙趣。

讓走讀更受歡迎的契機是NHK的電視節目「塔摩利閒逛（ブラタモリ）」。二

3 部落是指被差別部落，也就是過去賤民聚落等受歧視的地區。

〇一四年秋天導播來找我商量，在節目名稱還未定案前我們就已經開始進行討論。我們協助試播版（京都伏見篇、京都嵐山篇、大阪篇、神戶港篇、神戶街區篇、京都清水寺篇、京都祇園篇）的企劃，漫漫京都的好幾位導覽人、還有我本人也以介紹人身份參與節目演出。「塔摩利散步」如今已經是收視率保持在15%左右大受歡迎的節目，漫漫京都也多了許多「看了塔摩利閒逛知道的」的參加者。這讓我再次感覺到走讀的有趣並非是一時的流行，而是一種普遍事物。

營運組織

漫漫京都的營運組織如下：

營運團隊的工作人員包含我在內有四人。我們負責與導覽人協調、宣傳、會計、隨團等所有營運背後的事務。漫漫京都在會計上是我獨自經營的事業，並未雇用員工，而是以業務委託方式訂定契約，每個月約支付三十到四十萬日幣。

除此之外由一般財團法人京都青年旅館協會負責電話洽詢窗口、受理旅遊等。

他們是我在創業時同甘共苦的重要夥伴，會計上以每個月二十五萬日圓委託。

再加上支薪志工（主要工作人員）共九人，他們與營運團隊工作人員一起負責隨團。在旅遊舉行的三天前，我們會發送參加者的資訊給導覽人，並確認時間表、分發資料等。還有活動當天在集合地點收取參加費與說明注意事項，行程中管理時間、注意安全，結束後分發與回收問卷等。過後再將回收的問卷的內容與改進之處、感想等一起紀錄在資料庫中並與營運團隊分享。

此外，還有無償義工（次要工作人員），同樣也是九人。他們只有在活動當天負責協助主要工作人員。

所有的行程一定有營運團隊工作人員或主要工作人員陪同，如果次要工作人員也隨團的情況，就會是搭配前者以二人應對。每次旅遊皆有工作人員隨團相當重要，第一是可以讓導覽人專心在導覽與跟參加者交流等之上。其次是工作人員能掌握到，僅憑問卷無法得知的現場實際狀況、氣氛。有時也會由工作人員向導覽人提問，或向參加者搭話等，一起創造現場愉快的氛圍。這樣由主辦方進行的品質管理是旅遊能持續經營的關鍵。這些從現場而來的回饋也能在擬具下一季企劃時發揮作用。

主要工作人員的謝禮，出團一次是三千五百日圓。雖然扣除交通費後所剩無幾，

但大家都是平日有其他工作，假日才來幫忙的。次要工作人員以學生居多，出團一次補助交通費五百日圓。他們許多都個性開朗、喜歡京都與走讀等，如果沒有她們（幾乎都是女性）的支持，漫漫京都就無法繼續。

漫漫京都並未登記為旅行業者。旅行業者粗略來說就是住宿設施、接駁交通等的仲介業。與走讀旅遊這般不包含飯店住宿、巴士移動等的事業沒有關係。只不過經常有人誤會我們是行政機關或旅行業者，至今曾多次被問及，在以防萬一下詢問觀光主管機關的結果是「那

（走讀旅遊）是活動，並非旅行業」。網路發達讓個人預定住宿、交通等變得理所當然，旅行的形式更為多元下，「旅行業」的名稱、制度卻一直未曾改變，是否應該思考跟著改變呢？

從小處開始著手打造組織

漫漫京都二〇一七年的總收益約四千八百萬日圓，其中走讀旅遊約四千二百八十萬，旅行業者等包下整個旅遊的「客製化行程」約二百三十萬日圓，我的演講、電視演出等約二百五十萬日圓。客製化行程、受邀演講等也在增加之中，倚仗來自外部業者的收益之風險較高，所以基本上以我們自己販售的所得為主。

收益的成本約二千五百萬日圓，其中導覽人費用約一千六百萬日圓，參拜費、餐費等旅遊經費約九百萬。總盈餘約二千三百萬，毛利率約百分之四十八。

營業費用幾乎都是人事費，約一千八百五十萬日圓。以走讀旅遊為事業，其中重要的是如何降低成本。漫漫京都直到今天都未設置實體辦公室，工作人員原則上在家上班，有需要的時候就到咖啡廳集合開會。廣告宣傳費約五萬日圓，預約參加有百分之九十九都來自網路，從二〇一七開始連傳單都不印了。

其實走讀旅遊根本不需要資本。只要有有趣的人就可成立。創立所需的大概就是網站、麥克風和手拿旗吧。盡量從小處著手，重要的是隨著團數增加一步步讓組織、設備完備。由行政機關起頭推動走讀旅遊，會在一開始就投入大量資金，經常有人來找我諮詢希望讓他們在中途可轉成自立經營，我認為這根本是天方夜譚。這種情況就如同大企業難以開發新事業，在組織、設備完善的情況下起頭的事業不會順利，應該要配合經營規模從小處著手打造組織。

我也常被問「宣傳的秘訣是什麼？」，宣傳重要的是累積，沒有特效藥。就算調查參加者從哪邊得知漫漫京都，結果是如朋友介紹百分之二十、搜尋引擎百分之十八、電視百分之十二、Twitter 百分之十二般答案相當分散。一方面持續在 SNS 發布資訊也很重要，而如果能持續在電視、雜誌上曝光，就可累積宣傳效果，最重要的是，從標題開始的「行程看起來是不是有魅力」這個部分。在其他地區的案例中，我感覺到他們中有許多都是即便內容有趣，但卻未能將有趣之處呈現出來。

倘若今後打算創業走讀旅遊，我建議一開始就要集結二十種以上的行程。要是沒有一定的規模，知名度就無法提高，也無法累積經營經驗，就難以更進一步。雖然我前面無聊地連難為情的部分都寫了下來，如果各位讀者會將我們的案例作為參考，那我希望你們能加以模仿。不是找些「因為我們這裡就是這樣」等做不到的藉口，而是先試著從仿效開始。變得能處理許多旅遊後，自己就會發現待改進之處，這點將影響到原創性。

在地最大的魅力是「人」

漫漫京都受到全國矚目，也有愈來愈多人前來視察，我們每年舉辦名為「開始走讀旅遊事業的方法講座」，北到北海道，南到沖繩，每次五十個名額都幾近額滿。雖然容易被誤會「是因為在觀光都市京都才順利吧」，但就如我前面所寫，實際上百分之七十五的參加者都來自附近縣市。而不只是京都，無論是哪裡，只要能與擁有獨特觀點的導覽人一起漫步，潛藏在街區各處的趣味就會一一浮現。

從搭大型巴士到某設施的硬體（物）式觀光，到一手拿著旅遊書跟著故事走的軟體（事）式觀光，再到「去見那個人」與導覽人、在地居民一起親身體驗當地的使用者導向（人）式觀光。一地最大的魅力不是「物」、「故事」而在於「人」。

要是學會對地方的愛與文化，日常生活就會更加開心。「看待街區的想法轉變了」、「在自己家鄉也想用這樣的角度來嘗試散步」之類的感想讓我喜悅。作為新型旅遊的選項之一，期盼走讀旅遊會在日本全國更加興盛。

以倉敬之

主持京都的微旅行「漫漫京都」。生於一九八五年，高中中輟後在吉本興業的子公司工作，歷經經營活動企劃公司後，二〇一一年開始漫漫京都。協助 NHK 大受歡迎的節目「塔摩利閒晃」企劃，在二〇一七年四月的京都清水篇演出。二〇一八年三月起，漫漫東京也正式啟動。現居在花街宮川町的町家。

case

5

結合祭典融入在地
戶外音樂節

photo:Kanji

高岡謙太郎

眾人藉由音樂共享氛圍這樣的情況，有著音樂節、野外派對、銳舞（rave）等各式各樣的名稱。透過聽覺的音樂跟視覺不同，聲音在無意識下就會自然流入耳內，所以容易融入。在戶外舉辦活動，聲音會傳到更遠處，能拉攏更多人參加。

富士搖滾音樂節、Ultra Japan 等眾多音樂節到今天已在日本落地生根，但因法律限制、周邊抗議變得嚴重，獨立舉辦變得愈來愈困難。

在這樣的情況下，我想介紹兩個從二〇一〇年代創始，滿是能量的案例。其一是在愛知縣豐田市舉行的祭典——「橋下世界音樂節」，是以龐克搖滾為主，將河岸一帶以「祭典」填滿。另一個則是在東京自由之丘站附近舉辦的派對「Erection-Block Party」，在室外停車場由 DJ 表演、現場演奏等，讓日本最盛大的商店街祭典活動熱鬧滾滾。

顛覆音樂節形式美學的祭典「橋下世界音樂祭」

從愛知縣的豐田站徒步十分鐘，在前往豐田球場的途中搭建的豐田大橋下，有從二〇一二年開始舉辦的新「祭典」。

將日本自古以來搭建傳統「櫓」[4]的祭典與運用源自龐克搖滾的DIY（Do It Yourself）精神的音樂節結合，也集結從在地產業到銳舞、行為藝術等，「橋下世界音樂節」是有著將能夠吸納的東西全部引入般氣魄的音樂節，即使我想要如這般斷言，但因其元素相當複合讓我難以如此肯定宣示，雖說這點也是它的有趣之處……！

如果有與橋下世界音樂節類似的活動，基礎會是日本獨有的各地祭典。在祭典會場的豐田大橋下，搭建起櫓、攤位成群、抬著神轎、熱鬧舞動是在地祭典的形式美學，以此為基礎加上許多形形色色的元素，擴張「祭典」的意義。在誰都能通行的橋下河岸舉行，免費入場這點也是祭典獨有。但是出場表演者、展出者、參加者無法一概而論又是另一關鍵，聚集了許多將文化特性融入表演的演出者，從愛奴到沖繩，擁有廣闊地區性格的樂團、不被束縛在特定領域的DJ、劇團，還有來自國外的，這些演出者推測吸引了超過一萬人。

攤位也相當有個性，絕對超過五十攤。音樂節的特色是雖然也有販售節慶特製

4 在祭典時，以木材搭建的臨時塔樓。

餐點的攤位、嬉皮類商品的店家，但其中也混雜著在地產業的店家。還有打鐵店、不倒翁店等在音樂節場合略嫌突兀的店家，他們卻都能融入橋下世界音樂節。僅限於祭典舉辦的三天期間，甚至讓人感覺這裡形成了一處小街區。曾有人形容它就像在美國荒野舉行，以自給自足為主題的巨大節慶「火人祭（Burning Man）」，我對這樣的形容深感認同。

二〇〇〇年代掀起的辦節熱潮，形成到處都在亂辦活動的狀態，現在則因為型態已經用盡使熱潮告一段落，呈現萎縮傾向。橋下世界音樂節的規模卻一年比一年盛大，祭典本身是如神轎般的存在，許許多人前來參加就像是為了抬起神轎，每一年他們都企圖將神轎架得更高、辦得更盛大。

看遍音樂節的男人們的行動

這個祭典最象徵性的瞬間是在日落之後，站在會場中高達三公尺的櫓上面演奏的是活動的首謀，也是龐克樂團TURTLE ISLAND。用著音頭[5]曲調演奏龐克搖滾

photo:Tomoya Miura

名曲 Sex Pistols「Anarchy in The UK」，圍繞在櫓周圍的數百名觀眾呈現衝撞（Moshing）狀態以順時針方向奔跑，是在觀眾面對舞臺的因為展演空間中無法看到的光景。

為了探訪這個活動從成立到營運的種種，我去見了正是創造出這樣狂熱漩渦的 TURTLE ISLAND 的經紀人，也是主辦者之一的根本龍一。根本先生至今在日本國內外體驗了各式各樣的戶外節慶活動，也以經紀人身分跟著 TURTLE

5 一種日本傳統歌謠形式，經常在祭典中眾人聚在一起跳舞時使用這類樂曲。

ISLAND，到英國格拉斯托音樂節（Glastonbury Festival）、歐洲巡演、中國、摩洛哥、紐約、臺灣等，是位深知狀況的行動者。他在說明有關橋下世界音樂節時，總是大笑回答這點讓我印象深刻。

回溯音樂祭的起點，最初是來自 TURTLE ISLAND 主唱永山愛樹，根本說：「因為他想在地震後做些什麼，但又不想像是反對核能的抗議活動那樣只是去反對些什麼，在人生有限的時間內，回歸更原始，想創造讓聚集而來的人們靈魂能快樂般的地方，這就是開端。」

豐田大橋的下方曾是 TURTLE ISLAND 最初的練習場地，再者，追溯日本歷史，「橋下」是民眾能自由開始能樂、歌舞伎等新興表現方式的場所。基於上述原因，他說橋下世界音樂節的舉辦地點必然會決定在這裡。

即便場地已經決定，舉辦活動還需要使用許可。借用橋樑底下的河岸一帶必須向國土交通省[6]（簡稱國交省）、豐田市政府等申請，申請由住在當地的永山負責，比起準備好錢，其實申請文件才更辛苦。「國交省的承辦以三年為任期調動，每次換人後就要從零說明一遍；建立關係也相當辛苦。甚至還曾短暫與國交省處於對立狀態，因為應對困難，讓我們曾想要放棄豐田市，改到其他希望舉辦音樂節的地方舉辦。但後來在承辦人與（永山）愛樹不斷溝通下，逐漸能理解彼此的想法與立場，現在已經變得能順利溝通、推進活動。畢竟在豐田市內已具有一定知名度，國交省或公部門不應只制定嚴格規範來監督，諸如緊急災害時如何應對等，要如何讓意外不會發生，甚至在不破壞音樂節的目的、優點下，要怎麼合法且安全的舉辦等。如果能不拘泥於各自立場一起思考的話，這個音樂節就能一直存在這裡吧，我想我們已經達到這樣的境界了。」根本向我吐露了他們曾經歷的艱辛。我想這也是他們擁有能量的證據，是那份連國交省所長都被吸引的能量。

從什麼都沒有開始是理所當然

因為是與既有模式相異的活動，運作方式也相當獨特。他們藉由經年累月從事音樂活動建立的關係以此克服困難，這點讓人印象深刻。一般的音樂節會向業者借

6 相當於我國營建署、交通部。

用音響器材，並委由業者架設，橋下世界音樂節則連必要器材的借用都發展出獨家管道。

除此之外，豐田市是到現在都還不存在音樂展演空間的城市，也因此永山的前輩樂團從九〇年代起，在車站前舉辦戶外演出活動「炎天下 GIG」時，就已有音響等器材靠自己想辦法借來的文化。年輕時候的永山目睹了如此運作方式，所以目前的橋下世界音樂節也是透過人際關係調度器材。抱持同樣理想的夥伴、義工從北海道、沖繩等聚集而來，還有著從山形送來音響的夥伴。會場中還會出現跟主辦單位邀請的演出者毫無關係，擅自入內演奏的人。

會場內基本上都是使用廢棄材料架設舞臺、裝飾等，在開始舉辦祭典時，是想向那些在東日本大地震後意志消沉的人們傳達「我們想創造讓人們感受到『人的力量』、『人的想望』的美好般的什麼，再次點燃你們內心的熱情！」，源自「滅火隊」之名的「點火隊」是擅長建築的義工，他們從祭典前十天就集聚到此展開搭建作業。與當地有所淵源的音樂家、工匠、夥伴的建築相關業者等，共同創造出只在活動舉辦的三天期間存在的街區。根本先生邊笑邊說：「因為大家不停任意搭建，根本不知道會變成什麼樣子唷。（笑）」也就是全盤信賴這些人的品味吧。會後收拾因與市

photo:Kanji

政府有所約定，會在活動結束後的三天完成。

演奏樂器的舞臺、營運辦公室、後臺、所需電力等從第二年開始就全部以太陽能發電，有賴總公司位於神戶的慧通信技術工業股份有限公司所開發的太陽能獨立電源「personal energy」的幫忙。當時TURTLE ISLAND的成員與他們是老朋友，在向慧通信說明音樂節理念後，他們便表示「希望電力都由我們來處理」，然後帶著太陽能板來到會場。第二屆音樂節時在河岸鋪設了七百六十塊太陽能版，現在則能在沒有備用電力的後援之下舉辦。

根本表達了符合活動舉辦初衷的意念，「我們並不是主張環保、反對核能，而是想戶外活動如果能『理所當然』自給自足與自治」。

開心付錢參加活動

令人在意的金錢問題，基本上採取投錢樂捐制。「來賓以自己的價值觀將享樂的程度換算成金錢並支付給我們，大家已經逐漸習慣了這樣的作法，這真是讓我心情很好。如此一來，參加者會意識到自己正在參與，而且每一個人都會覺得自己對祭典有

橋下世界音樂節的傳單

所貢獻，所以自然而然萬事亨通。」第一年時卻曾為了堅持不接受補助金的態度而嚴重虧損，其他看不下去的夥伴去申請了補助金才避免以紅字收場。只不過後來在「不想音樂節用到補助金等稅金，而樂捐的款項就像是稅金一樣呢」想法下，申請補助僅限於首屆。目前舉辦一次活動需要數千萬日圓，也差不多可用投錢、捐款、販售商品等達到收支平衡。根本說創造讓到場來賓開心付錢的氣氛也相當重要。

活動營運的主要成員是永山、根本、TAKEMAI、大塚等四人，彼此交情匪淺，平常就是無話不談的關係，為了對活動的想像達成共識，他們花了一整年討論。另一方面，也深受主辦成員經常一起參加現場演唱表演，分享彼此感覺影響。我問他們是否有邀請演出者的標準，回答是「我們盡量避免『因為受歡迎就叫人來』這類很一般的理由（笑）。音樂節現在已經是能吸引許多人到場的活動，所以是看緣分跟時機提供演出機會，邀請那些我們覺得好、想要分享給更多人看的歌手為主。出

攤的店家也是比起很大的店、專家那些，更想請那些看起來有趣的店家。」我想這表現出他們在擇選演出者、出攤店家上，也有著培養後進的心意。

出現在橋下的自治區

音樂節的另一個特色是儘管是大規模謎樣的「祭典」，卻幾乎未與在地居民有所摩擦。或許也是因為該地原本就沒有祭典而備受優待，據說也未曾有過爭吵。筆者實際前往現場後，感覺到那裡氣氛美好、通風良好，營造出一種這裡不適合吵架的氣氛。就算發生麻煩也大多立刻平息的樣子。雖然也有抗議噪音的投訴，但因為位在「橋下」，警察也是睜一隻眼閉一隻眼。甚至有時還幫忙拿禁止停車牌來……不知寫到這種程度恰不恰當，但我想這是橋下世界音樂節才享有的特權吧。

我最後的提問是音樂節能持續舉辦的訣竅，卻得到顛覆提問的回答「因為來了太多人了，所以我們在思考明年想往好的方面，減少一些演出者唷。（笑）」，他解釋這麼做，是希望那些理解音樂節氣氛的人們，從初期就有的那份熱血精神與中心思想、真心不會喪失。硬要說得話，他們創造出的那種讓演出者就算不收錢也「想表演」、充滿能量的框架，是音樂節大獲成功的訣竅吧。

祭典期間，停車場變為DJ派對會場的「Erection-Block Party-」

目黑區南邊、東急東橫線與大井町線交會的自由之丘站，有著因都市開發形成的整齊街道景觀。特別為活動準備的會場在離自由之丘站步行二分鐘可達的銀行停車場中，場中擠進了數百名的來客。DJ 炒熱氣氛、饒舌歌手拿麥克風帶動，從在地居民到遠道而來的樂迷等大批觀眾讓會場喧騰。這幾年，在車站附近都定期舉辦了這樣自然融入在地祭典的街頭派對。自由之丘的站前商店街，會在每年十月的三天連假舉辦「女神祭」，祭典期間到場的人數達五十萬人次，且年年增加之中。以自由之丘站為中心、半徑三百公尺的區域內，有著能享受表演、美食、購物等的大小活動。我第二個要介紹的活動「Erection-Block Party-」就是在女神祭的某一角落舉辦的戶外派對。

Erection-Block Party- 在僅次於車站前舞臺規模的會場舉辦，入場免費但另需飲料費五百日圓，從白天到晚上，出場表演的是引爆舞廳音樂界的當紅歌手、表演內容穩定好評的 DJ。曾出場富士搖滾音樂節的歌手也參與其中，像是田我流、YAKENOHARA、G.RINA、okadada、VIDEOTAPEMUSIC 等。活動可以讓參加者享受在商店街之中欣賞這些人的音樂這種難得體驗，會場內不只有音樂，還設有餐飲攤位，可在產業能率大學與茨城縣合作的攤位品嚐到西太公魚、河蝦等特產。接下來，就讓我來揭開在這大受歡迎的商店街中，是如何打造這樣可輕鬆喧鬧場合的背景。

在日本最大規模商店街組織中舉辦街頭派對的背景

首度舉辦 Erection-Block Party- 是在二〇一四年，雖然當時因颱風而停辦。那之後，從二〇一五年到現在每次都是盛況空前大爆滿。Erection 原是從代官山的俱樂部 Saloon 開始的 DJ 活動，其在二〇一七年邁向十週年，知名度也隨著一屆一屆舉辦而提升，鄰近的數家俱樂部同時舉辦「CLUB CIRCUIT」，讓觀眾可來來去去，也會在與俱樂部性質迥異的地方舉行。

舉辦戶外活動 Erection-Block Party- 的契機，很大原因是來自籌辦 Erection 的高根大樹與商店街的緣分。曾在高根主辦的活動演出的 DJSEX 與 GUNHEAD，他們兩人的朋友是自由之丘商店街與自由之丘廣小路商店街的串燒店——鳥正老闆的兒子，在這樣的關係下，串連起 Erection 與自由之丘廣小路商店街，讓這樣前所未見的組合攜手舉辦活動變為可能。

女神祭是由自由之丘十二條商店街聯合舉辦，活動目標是「創造自由之丘的魅力」、「會員店鋪的繁榮」，各商店街在女神祭推出的活動都有所不同。聯合眾商店街的自由之丘商店街振興會，是日本由單一組織組成的商店街振興會中最大規模的商

店街組織。

參與 Erection-Block Party- 運作的不只有商店街與籌劃人，在地的產業能率大學的學生也一同參與營運。商店街空有地方卻缺乏炒熱氣氛的活動，在地的學生則需要參與社會學習的機會。活動籌劃人雖有歌手人脈卻欠缺能舉辦戶外活動的場地。彼此之間恰好形成互補的利害關係，創造出所有參與者都得利的狀態。

與地區振興計畫合作

Erection-Block Party-得以開始是因為活動籌劃人、商店街、學生三者一體同心，但能走到實現這一步，則很大部分是因為商店街裡有著能接納這樣新鮮嘗試的商店街組織幹部。舊書店「西村文生堂」第三代身兼商店街副會長的西村康樹是道地的在地居民，他與附近店家的老闆都是老交情了，甚至彼此父親也互相認識。他還曾被拜託企劃與演出電視的走讀節目等，與在地有著深厚的關係。負責統籌女神祭、擅長說明的產業能率大學學生渡邊麻莉華亦盡心盡力。我訪問了商店街西村副會長、身為學生的渡邊兩人參與活動的方式，地點在自由之丘站旁的內容實驗室（Contents Labo），這裡既是社團法人據點也是共享辦公室，自由之丘原本就有著地區營造基礎的據點。西村告訴我：「內容實驗室的營運是藉由個別案件獲取的補助金或企業來的資金。出資者有地主、產業能率大學、東急電鐵、飲料廠商等各式各樣的企業。地區與企業與大學三者一體同心合作的方式是日本近年的國家政策，我們則早在政策之前就已經開始，所以我想或許是其中發展的最順利的。近年來因為地方創生的風潮，執行內容大多先射箭再畫靶，所以才不太順利吧。拿到補助金就要至少做到

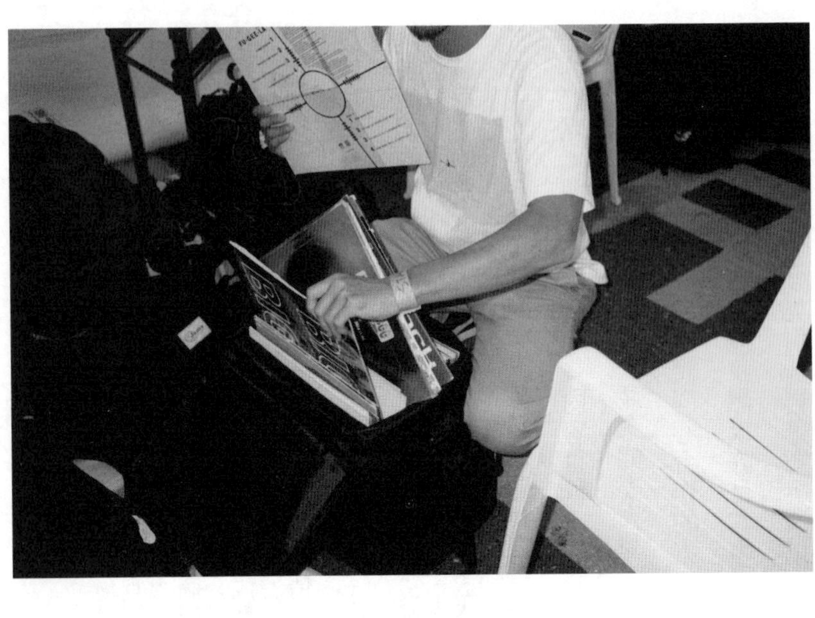

photo:56kosaka

被要求的，所以除了完成報告書其他什麼都沒做成。這樣的方式學生也會覺得無聊吧。我想或許不太有像自由之丘這樣，勇於投身現實社會的例子。」

學生也是鄰居之一

渡邊所屬的產業能率大學的研究單位也參與極深，她告訴我：「與自由之丘合作活動屬於正式的課程，可在大學內獲得學分。參與的地區活動有甜點節、女神祭、聖誕活動（サンクスリバー）三項。課

photo:56kosaka

程是從與社區、企業等的交涉，到當天活動營運等，全部都由學生來負責。深獲社區的大人們的信賴，也與許多企業合作。據說九年前，雖然學校在自由之丘有校區，學生卻無法參與祭典，所以在不甘寂寞下，從當義工分發傳單開始，後來變成被託付許多事。除了活動外，我們也參與增加街區綠意的運動。」西村也親切歡迎大學的參與：「培養自由之丘商店街與產業能率大學像共同體般的關係。」

至於後來女神祭甚至扮起特殊的 DJ 派對，變得如此與眾不同的理由。西村說：「原本是由父執輩世代負責女神祭的營運、企劃等，恰好是與他們世代交替的時間點，我們這一代突然要從空白狀態開始，也有其它商店街沒有世代交替呢」。

在街區內籌辦活動的注意事項

財務收支中由補助金支出的部分，包括器材費、搭設舞臺、音響設備等，演出費用則來自販售飲料、捐款、販售商品所得等。必須要有理由才能獲得補助金，「補助金是區的產業經濟課給的。申請理由之一是商店街對外的活化，也就是為了吸引外面的人來的宣傳。另一個則是商店街內的活化，也就是強化在地社區，這些是大的目的。但如果全盤委託給外人，就算可以吸引來客也無法促成在地社區的活化，所以我們需要在商店街內部的親自參與唷。因此以與在地教育單位合作來說，在地學生們就顯得相當重要。」（西村）

在戶外舉辦活動必須經過申請，申請項目大致上可分成三類，「道路使用許可是向警察；補助金則向地方政府申請；餐飲是衛生機關。道路的許可是警察，園道則

case 5

戶外音樂節

Erection精選

是公園課負責。這些是企業無法申請的，如果不是商店街、大學等就不會出借。收費停車場等因為是私有，主要看錢所以容易借到。」

對周邊鄰居的措施也讓人在意，「現況是沒有違法唷。雖然會有人投訴，但因為我們是辦祭典，所以也只能一直陪不是，沒必要去吵架。警察如果接獲附近民眾報案，就會來現場，他們只有在道路動彈不得時才會真的生氣。但我想要新申請辦活動應該蠻難的吧，我們這是從以前就有的祭典才比較簡單。」（西村）

我詢問他們活動能持續的秘訣，

西村笑著說：「是誰都能認同的品質吧。」「（演出者帶動現場氣氛）報酬合理，不，超越價格了吧。（商店街的祭典）多得是不符合酬勞的表演。自由之丘這裡卻有許多人是不要錢也想來表演，但如果是吸引不到觀眾的演出者的話還是……。對高根先生他們來說沒有加分效果的話也就不會每次都來參加了。基本上商店街的祭典是成員們想做什麼就做什麼，但我們的情況卻是明確為了吸引客人來、為了在地社區而動比較開心。為了不讓贊助商失望。還有，因為有學生在這裡所以入場免費，但其實歌手不是無償奉獻，我們支付了一定程度的酬勞，也就是說在營運上，我們做到跟一般在辦活動一樣。」

信任專家的氣度

最後我訪問了活動籌劃人的高根，他負責邀請演出者。高根從以前就主辦過許多 DJ 活動，主要是以室內的俱樂部為據點。現在在戶外辦活動，似乎因周邊居民投訴等各式各樣的問題而相當困難。他說：「因為是在車站附近能發出聲響的場地，對我們來說很幸運呢。首屆的時候聚集了比想像中夠多人而一團亂，還好內容也很棒，順利落幕了。我們必須向商店街表現出專業、成熟的樣子，但他們卻對內容毫無任何要求，包括邀請表演者等，全權讓我們處理這點很了不起呢。」他們彼此之間已經建立起可全權處理各自負責部分的信賴關係。

對我的提問「演出者是些什麼樣的人選呢？」高根的回答讓我印象深刻：「基本上Erection好像只會邀請想跟我們一起玩耍的人（擔任演出者）」。我想是因為找來了符合觀眾眼光的歌手，而能創造出參與的商店街相關人士、居民等的整體感吧。

戶外音樂活動的注意事項

本篇介紹的兩個活動在運作上的共通之處是，各自帶來原本就擁有的技術、器材、人脈等，不是突如其來訂定胡鬧般的目標，如「想吸引好幾萬人來！」、「邀請巨星來！」、「想在音樂界掀起炫風！」等，重要的是先善用自己身邊的事物到極致，創造出想再舉辦下一次活動的狂熱氛圍。下面我將整理應檢核的重點。

場地租借

舉辦戶外活動最困難之處在於場地，但這裡所介紹的案例，他們的特色是在改變在地「祭典」，讓在地的人們認同的模式與附屬在原有的「祭典」下使得可能舉行。

首先必須讓附近居民認同享受音樂這件事、讓他們放心。雜亂無章的活動無法長久，必須最低限度考慮到該如何與社會接軌。在理念凝聚後，開始協商舉辦場地。提出申請的單位會隨土地的管理者是私有地或公共空間不同。

器材選擇

器材因音樂種類而有差異，所有活動都不可或缺的是擴音的音響設備，擴大機、喇叭、混音器，還有連接這些器材的電纜、發電機等，這些設備會與演出者的器材連接。最近的演出者大致上可分成現場表演與 DJ 二類。只不過這類與音樂器材有關的準備工作，比起從零開始不如交由 PA 廠商更加可靠，如果有認識專家就更棒了。

活動中會希望設置餐飲等攤位，規模如家庭派對就沒什麼問題，一旦有外人參與就需要衛生管理人員。如要提供酒精飲品也請務必申請，這部分也希望能交給專家處理。

糾紛對策

會最先浮現的是因鄰居抗議使得活動必須中止。被大量訪客、音量過大等破壞生活規律而憤怒的心情也不是不能理解，所以在活動開幕的數天前就需要先向鄰居們說明，攜帶傳單去一一打招呼吧。居民並非音樂專家，用簡明易瞭的方式說明相當重要。

有時也會發生參加者間的爭執，請不要馬上送到警局，而是希望能先私下解決。如果警察也摻上一腳的話，還可能變成活動本身中止，第一要務是讓事情和平落幕。除此之外，參加者們如果意識到自己是當事人「除了工作人員外，我們也一起在創造活動」，應會降低他們想破壞場面的想法。漠不關心的參加者愈多場面會愈混亂，例如富士搖滾音樂節的參加者被稱作「富士搖滾客」，是主辦單位為了鼓舞參加者抱持當事人意識，但請注意過於強迫會讓人失去興趣，精細地調節力道是展現品味的大好機會。

財務收支

最後要談談關乎金錢的部分，提高活動收益的方法可大致分成「販售入場門票」、「販賣T恤、CD等商品」、「募集捐款」、「申請公部門的補助」等，無論哪一項的重要課題都是如何定價才能讓參加者開心付錢。因為能輕鬆參加，整體氛圍應該也會變好。

當然還有不要過度依賴金錢，善用主辦者的智慧與交友關係，如果不分參加者或工作人員都能在公共空間同樂的話，我想就能創造出不同於平常付錢參加現場表演的特別經驗吧。

高岡謙太郎

在網路、雜誌等撰寫與音樂、藝術、文化相關的報導。合著有《Designing Tumblr》、《迴響貝斯唱片指南》、《低音音樂唱片導覽》、《第二十屆文化廳媒體藝術祭得獎作品集》等。

case

6

嘗試在河岸邊創造餐飲空間
京都的河川沿岸、愛知的殿橋露臺

パーラーニューポートビーチ　©奇天烈 真館

榊原充大

在水岸打造餐飲「空間」的困難

我平常身為研究建築、都市空間等的團隊RAD的一員，以京都為中心進行建築、都市等相關的調查、企劃、編輯、寫作活動等。這裡我將藉由自己的根據地——京都的河岸風景中的感受，與參與城市行銷的愛知縣岡崎市街區營造「乙川計畫」的案例，試圖思索在水岸推動各種計畫、活動時需克服的困難。

京都居民如果忽然興起賞花興致，往往會以鴨川河岸為舞臺。不只是三條、四條這些一到旺季就擠滿觀光客的地方，許多人也會在鴨川分流成高野川，通稱為鴨川三角洲一帶的北側，攤開藍色地墊吃吃喝喝，甚至唱起卡拉OK、跳舞。因為河岸相當寬廣，即便留出行人通行空間還是有空地能夠悠閒野餐。從綠意盎然之處來思考，鴨川對生活在都市的人們來說，算得上是一處舒適的空間吧。南北向流經京都的鴨川，對居於京都的人來說，提供了融入日常風景的水岸。

也因此，空間的利用並不局限在賞花旺季的春天。每到夏天，面向鴨川的店家會在袚川之上設置如陽臺般突出的「川床」，我想也有人看過這等川床連綿的風景吧。更何況同在京都但更北邊的貴船等區域，則會出現像要覆蓋河川一樣鋪設的平臺「川床」，是可享受「河床」中不容易體驗的「床」、流水細麵[7]等的地方。無論前者或後者都是京都夏天的象徵景象。

根據京都鴨川納涼床[8]協同會說法，這類風景是源自江戶時代搭建在鴨川上的觀賞席（見物席），當初並非高架式，而是如在中州、河原等出現的摺凳（床几）形式。明治時期後，在七～八月間搭設川床變成習慣，當時似乎在鴨川兩岸都有著川床，該會網站上有段「納涼床的歷史」。

「因明治二十七年（1984）的鴨川運河開鑿、大正四年（1915）的京阪電車鴨東線延伸建設等，促使左岸（東岸）的川床消失，大正時期則在治水工程下禁止床几，工程建成禊川[9]。」

一九二三（大正十二）年發布「鴨川河川區域一樓佔用與工作物設施之件」，訂定納涼床的基準，但柱子採用鐵柱、設有屋頂等的店鋪增多而有礙觀瞻，一九二九（昭和四）年限制在河道上搭建半永久的高架式納涼床。其後因天災、戰爭等導致川

7 是使用剖半的竹筒連接，在其上放流如麵線的細麵，以筷子夾取食用的菜式。
8 又稱川床。
9 鴨川西岸全長約兩公里的人工水路。

京都鴨川沿岸的川床（攝影：本間智希）

床遭到破壞、被禁，直到戰後，在許可基準完備下，形成了今日風景。

時代躍進到二〇〇二年，中央的都市再生本部擬具「全國都市再生緊急措施」，其中建議「振興在地產業、觀光等經濟活動、交流活動，充實社會福利等生活相關服務等，併同空間整建實施計畫」，「河川區域佔用許可準則」在二〇〇四年據此修正部分內容，民間業者等在河川局長指定範圍內利用河川區域進行實驗性試辦計畫被認定為例外而得以實現。在此架構下，以二〇〇九年起常設於大阪北濱的「北濱露臺」為首，在日本全國各地設置納涼床。

接著讓我們將話題回到京都，二〇〇七年在「針對府民共享的珍貴財產——鴨川，在鴨川環境安心、安全下，以良好且舒適的環境繼承給下一世代」目的下制定「京都府鴨川條例」。依據該條例第十四條規定「知事在考量為形成鴨川的良好景觀，訂定依鴨川納涼床（指於鴨川右岸二條大橋到五條大橋間區域，為供應餐飲搭建之高架式臨時工作物）相關之河川法許可審查基準」，鴨川納涼床被視為依河川法許可之工作物，其作為醞釀京都夏季風情的歷史、文化性結構物，為將來可與鴨川景觀協調，制定有關其結構、材料、色彩等基準「鴨川納涼床審查基準」，其中主要規定了以下六項基準。

1 川床高度
2 川床突出程度
3 川床結構與色彩
4 川床「欄杆」

5「補強」、「穿透」、「竹簾掛鉤」、「蘆葦廉掛鉤」等
6 其他

……雖然在此處省略了細節，但我想還是可以從中得知訂定有相當細節的審查基準。

鴨川條例中，鴨川是被禁止在河岸烤肉的河川，但我曾風聞有人在河「中」烤肉這般機智的傳說，相較於這類游擊式行動，為了符合法律、條例等基準，合法在水岸打造餐飲空間，還有好幾項不得不克服的困難。

乙川計畫「殿橋露臺」案例

我參與的愛知縣岡崎市乙川計畫，則是在實驗性質下，推動在水岸創造餐飲空間這般難度極高的「殿橋露臺」。請先容我說明背景，殿橋露臺是在以活化流經愛知縣岡崎市的乙川河川區域所推行的試辦計畫「乙川夢想樂園」中，於二〇一六年七

殿橋（奇天烈照相館版權所有）

月十九日到九月四日，作為其一項目所誕生的空間。該計畫首年度的目的，是試圖拉近公共空間與民眾，就如川床案例所展現的，在禁止項目多如牛毛的河川區域，基於個人自由與責任親手實現「自己想嘗試的事情」。殿橋露臺的設置地點是人流、交通量均大，格外引人注目的殿橋，在下流側西南端處的欄杆上鋪設桌材，並為提供餐飲在靠河川一側以單管鷹架搭設店鋪。

岡崎市自二〇一五年起，推動乙川河濱區域城鎮營造，被通稱為乙川計畫，推廣活化河川區

乙川計畫官網（2016年時）

域的「河川營造」則是其中一部分。目標是讓曾是商業核心的昔日城下町、宿場町[10]，現則面臨市中心區海綿化、高齡化等問題的地區所具有的多樣化資源的活用變為普及。乙川計畫結合公共投資的「大型城鎮營造」、民間投資的「小型城鎮營造」，訂有讓公共空間變得更加豐富的願景，為此號召的專家之一是泉英明先生，他隸屬在大阪推動「水都大阪」等行動的組織——HeartBeatPlan，在日本各地實際推動如北濱露臺等各式各樣的活化水岸行動。

河川管理依據其規模由國土交

乙川夢想樂園2017傳單

通省或各級政府管轄。國交省推動「MIZBERING」進行活化河川這等公共空間的河川營造，利用特區制度[11]鬆綁法規，民間業者因此得以在河川區域進行營利行為。殿橋露臺即是其中一個例子，只是其中的欄杆屬於道路設施，因此除了「河川佔用許可」還申請了「道路佔用許可」。雖然只是在橋上欄杆鋪設桌板，也就是讓所謂的游擊式空間使用變為合法，但到落實為止還是耗費大量時間與勞力。

10 城下町是指以領主居住城堡為中心形成的城市，其中區分成寺社地、町人地、武家地等以身分區分的區塊。宿場町是以驛站為中心形成的城市。

11 國家戰略特別區域（国家戦略特別区域）是日本為振興地區與提升國際競爭力劃設的經濟特區。

左：殿橋露臺的設置地點（來源：天野裕）右上：鋪設店舖側地板的情景 右下：完成後的樣貌（來源：天野裕）天野裕）

實現殿橋露臺為止的過程

陪伴泉先生一起推動，讓殿橋露臺得以實現的中心人物之一，是NPO法人岡崎社區育成中心LITA（岡崎まち育てセンター・りた）的天野裕先生，請容我介紹他告訴我的到實現為止所遇到的困難。

我先請教他最基本的問題「為什麼選擇殿橋呢？」，天野說理所當然是因為能看到乙川，再加上交通量大，而且還能望見對岸的岡崎城。雖然從路面難以辨識河岸位置，但在推動的夥伴之間注意到讓周邊的人「看見」的重要性，所以更加重視交通量。除此之外則是景觀元素與吸引顧客的潛力，並檢討在制度層面上可能設置的地點，最後由殿橋雀屏中選。

我想不須特別提醒，我們都知道河川暴露在暴漲等水災風險之中，這也讓水岸被施加各種限制，其中最忌諱的是因設置物體減少河道斷面積（河川斷面中水體所佔面積），此舉可能造成氾濫。這類減少河道斷面積的情況，實際上最容易在架橋處尤其是橋墩產生。現行的橋樑設計潮流是盡量減少橋墩數目，也就是將減少河道斷面積的可能性降到最低。殿橋卻是建於一九二七年，正如維基百科上所列「下部結構為多柱形式的連續橋墩」，橋墩數目相當之多。

殿橋露臺理所當然位於河川區域內，但他們卻以「設置在原本就易減少河道斷面積的橋樑處（所以應該不會因設置而有所影響）」的邏輯來挑戰，將地點選在下游處也是基於同樣理由。

「在當作桌面的欄杆背後，突出於河上的臨時店舖，我們那時是以常設為前提推進。在事前就委託專家檢核水位升高時水壓會如何施壓在結構物上、搭設鷹架等實現方法在結構上是否會產生問題等。河道斷面積部分經過計算，設置殿橋露臺幾乎對水流不會造成影響呢。但回到基本面，我們跟河川管理單位最大的爭辯之處，是

新港灘小店（Parlor Newport Beach）（奇天烈照相館版權所有）

能不能同意以結構物常設在河川區域為前提的實驗性試辦計畫。」（天野）

也就是說，作為他們前提的「設置在原本就易減少河道斷面積的橋樑處（所以應該不會因設置而有所影響）」本身並不被認同，最終是在改弦易轍為「依據增水時應有指導原則撤除設置物」下被核准。天野說：「因為的確存在風險……。」

撤除時間的問題

然而並非只單憑方針轉變就被

核准。

「接下來的問題是什麼時候撤除，最終演變成前提是在乙川河川區域水位上升前就要全部撤離。但是測量水位的水位計不在殿橋附近，做出判斷的是在五點五公里上游處叫做大平水位觀測所的地方。那邊的河道狹窄，水位上下變動激烈，跟寬闊的乙川截然不同。」（天野）

理論值在其後被提出，水流從大平觀測所所在地抵達殿橋需要一小時。

「先移開露臺上的冰箱、器具等，再把木平臺拆開移除，最後是將鷹架全部拆解撤除，這些工作必須在一小時之內完成，成本所費不貲。」（天野）

撤除所需時間具體而言，「其上的營業所需物品」搬開花十四分鐘、木平臺拆除花十六分鐘，再來是拆除鷹架花三十分鐘。殿橋露臺在搭建時，曾被河川管理單位的愛知縣發文要求「請至少練習撤除一次」。原本預計可在七月中開放，卻遲遲無法被核准，在最慢希望趕上活動最高潮時期八月二十一日的時程表下，被要求在營業前練習撤除就現實考量來說相當困難。

結果等到殿橋露臺終於開張，已經來到乙川夢想樂園會期最後一週的八月二十

左：撤除作業（2017年度）右：復原作業（2016年度）

七日。最終日的前一天來視察的國交省人員，貌似也對這樣罕見的水岸空間與道路設施的活化方式抱持好感，並說出期待能推廣到其他地方的發言，只是……。

「殿橋露臺被核准可設置到十一月為止，再不練習就大事不妙之下，我們訂下練習撤除的日期，請業者空出時間。但等到要實際練習時卻下起了大雨，不要說是練習了，不折不扣變成不拆掉不行的狀況……實在是太過剛好了。」（天野）

乙川夢想樂園在九月四日落幕，四天後的九月八日，因為第十三號颱風逼近，撤除了其上的營業所需物品。

邊開店邊擔心

在這樣奇蹟似的時間點完成第一次撤除任務的殿橋露臺，除了九月八日，到十一月六日為止的營業期間中曾兩度全數撤離。第一次是九月十九日因第十六號颱風登陸，第二次則是十月四日因第十八號颱風逼近。

「在下暴雨時，水位是否超過必須撤除的警戒線，我們就一邊工作一邊盯著國土交通省的『河川防災資訊』網站，那上面可以確認水位計。」（天野）

這些理所當然是現實問題而非圖上畫畫，包括撤除具體由誰來執行等問題，提及具體數字的話，一次的撤除與復原的成本約要四十萬日圓，並非小數目。

「當然需要安排幫忙撤除的業者不可，但還必須考量『什麼時候拜託』的時間點。一方面是因為在下雨天施工當然很危險，我想實際上派人來的業者那邊也是怎麼樣都想確保安全呢。」（天野）

接下來的課題是即便花大錢撤除後，能否重新開張的水位也有所規定。

舉例來說先前提過全數撤離中的第二次，從十月四日拆除後到十月六日共休息了三天，第一次則是從撤除的九月十九日起停業了十一天直到九月二十九日，其中的九月二十四、二十五日是以臨時組裝的方式克服，但水位不降到一定數字，就只能在不能重新開張下一天過一天。天野表示：「我覺得二〇一七年相當程度地替我們放寬標準了」，雖說如此仍是有著許多困難。實際上，營業的機會成本損失相當之大，像是不得不停業到十天的話，預估營業額將損失達數十萬日圓。

安全固然重要，但過於極端就會連民間業者嘗試挑戰的嫩芽都被折斷。

實測數字的話，會發現前面提到的水位觀測地點與殿橋的差距，造成理論值與現實的差異。殿橋附近水位上升的預測值與實測值的分歧影響了指導原則的修正。

突破法規限制

屬於一級河川失作川水系最大支流的乙川由縣府管轄，道路設施也同樣是由縣府管轄。雖說如此，因行政部門間未有橫向聯繫，道路歸道路、河川歸河川，由截然不同的單位管理。橋樑欄杆基本上屬於道路設施，所以須申請道路佔用許可。而在河川區域內搭設店舖使用了木平台與支撐用的鷹架等，所以也必須申請河川佔用許可。

除此之外，還必須進行「警察協議」的手續，檢討是不是會妨礙用路人。

除了上述許可以外，經營餐飲店須經衛生單位許可才可開設，因為難以有與一般餐廳同等的設備、環境等，而傾向利用「臨時營業許可」制度，在允許範圍內營業。申請「營業許可」須設有給水、排水設備，「臨時營業許可」則在限制營業期間的條件下，即使是臨時給水、排水設備也沒問題。但如此一來，就限制了可供應的菜單，例如不可「盛添白米飯提供」。菜單會因有否給水、排水設備變動，我們打造了以塑膠桶等來供水，在其下方承接排水般的設備。

我試著問天野先生，他在因應這類法規限制時覺得什麼是最辛苦呢？

「我想因為對河川管理單位的愛知縣來說是首度嘗試，我想他們是希望能謹慎行事的，但彼此溝通真的非常辛苦呢。我反而感覺是國家有種強烈的自我反省『至今為止的作法是錯誤的』，反省他們製造了大家沒感情的東西。雖說在MIZBERING計畫時，的確是宣稱了今後希望河川真的能讓大家好好利用。但在地方層級這些實質管理河川的單位卻更看重治水。實際上確實是有風險就是了……。」（天野）

在縣層級所管理的河川中運用特區制度的，乙川好似是首例，特區原意是為了放寬限制，但實際上到鬆綁法規為止還是存在著許多障礙。在沒有前例、判斷基準等使得手續窒礙難行之中，天野等人百折不饒直到讓殿橋露臺化為實現。

市、NPO、專家、業者的合作

天野說：「因為是第一次的嘗試，需要協調的事項很多，也曾想就算是公家機關也會面露難色了吧，但他們仍頑強不屈地跟我們配合。我想背後有泉先生這位專家做後盾也是很大原因」，支持這類相當具衝擊性的試辦計畫的，不只有公部門、專家，還有在地的NPO。以業者身份營運「新港灘小店（Parlor Newport Beach）」的咖啡店「California Parlor-Quiet Village」老闆川浦素詳的貢獻也不可或缺。

約莫近十年來，川浦在岡崎市內創設了咖啡店等各式各樣的空間。前面提過每當大雨、颱風來臨必須即時撤除時，實際上那二次撤除工作，跟著天野一起進行的就是川浦。能遇到具有開拓精神的業者，對殿橋露臺的實現來說應當是極為重要的原因吧。

最終確定的營運時間是八月二十七日到十一月六日的二個半月，雖然在經營面上條件嚴峻，諸如營業時間有限，為平日下午四點到晚上九點、週末和例假日則是下午一點到晚上九點，下雨即要停止營業，水位因颱風等可能上升的日子，搭設的所有物品都必須撤離，但營收仍是蒸蒸日上。

「依目前的營業條件是相當嚴峻的吧，但要是能克服這些，對民間業者來說還是很有吸引力的數字。」（川浦）

這些游擊式空間得以實現不單是善意驅使，透過營利活動也可維持這點的意義應該也不小。

「California Parlor-Quiet Village」的老闆川浦素詳先生(奇天烈照相館版權所有)

變更事項與未來展望

雖然在二〇一六年無法實現,但因有二〇一六年創造的實際成績,二〇一七年公部門大幅修正了撤除時間的要求。因為有著高於高水位(防洪相關計畫中作為基準的洪水量「洪峰流量」,減去水庫、滯洪池等滯洪設施滯洪量之「計畫洪水量」可安全流動的水位)一公尺以上就沒問題的標準,二〇一七年嘗試了可滿足上述標準的店鋪搭設方法。

雖然這樣會減少露臺面積,但卻是前進了一步。天野表達了其複雜心境:「就今年,我們很努力去推動希望可以常設而不需要撤除，但還是無法改變以『撤除為前提』的條件。對業者造成負擔，我們實在很抱歉呢，何況最後還是拆掉了。雖說撤除條件相較之前已經放寬許多了……」（天野）

在這樣艱困的狀況之中，同時也有了其他變化，那就是殿橋設置了水位計。過去在颱風時雖然也會實際測量水位，但能更正確測量水位，不是以理論值來判斷要不要撤除的設備逐步完備。這樣一個一個的變化，應該都會讓未來的殿橋餐飲空間更加充實。

這項試辦計畫，可以讓我們窺見的未來，是在橋墩處的高水位之上搭設店鋪相當具普遍性。天野說：「我希望其他地區也務必推動。」

在各地出現的公私協力公共空間活化案例

我們還可以看到在其他地區也誕生了以水岸為舞臺的餐飲空間，例如東京在二〇一三年時實現了東京河川區域最初的「水岸咖啡座」，在都政府所提倡的「隅田川

夜晚的情景，遠處可見岡崎城（作者攝影）

文藝復興」中，由專家學者、在地團體代表、在地居民、公部門（東京都、臺東區）組成「隅田公園露天咖啡座協議會」，並舉行公開招募遴選出 TULLY'S COFFEE 等後實際在隅田川沿岸開設店舖。

「為創造更進一步讓水岸充滿活力的潮流，首度在東京都管轄的河川中，適用『河川區域佔用許可準則』，依據台東區主導的隅田公園露天咖啡座協議會的共識，指定都市、地區再生等使用分區。此舉將促使取得佔用許可的民間業者等，得以在該分區內設置露天咖啡座。」（摘自東京都網站）

程序上是由協議會選定使用單位，使用單位的業者則向管理河川的東京都申請許可與支付使用費用，由東京都核准使用許可。但正如前段所述，其是以「都市、地區再生」為主題，迥異於一般商業行為，必須保持與地區合作。需反覆與該地區協議，且除了店舖周邊，要與在地合作，進行每月一次的周邊地區撿拾垃圾等。

除此之外，也有由在地業者共同發起，非因公部門行動促成的水岸餐飲空間，如二〇〇八年在中之島誕生的北濱露臺。

對岸有著中之島公園、中央公會堂等美妙資產，建築卻背對河川，加上分隔街區與河川的堤防而無法充分運用這些環境等，是當地大樓持有人、承租店家所抱持的課題，在他們認識某NPO後，共同組成北濱露臺執行委員會。在與河川管理單位、以中之島公園為主要會場預定地的水都大阪2009的執行委員會辦公室等相關人士的合作下，於二〇〇八年進行了為期一個月的實驗性試辦計畫，據說來訪者超過二千人。

二〇〇九年推動第二次的試辦計畫，設立「北濱水岸協議會」，取得河川區域綜合性使用者之許可，是日本首度有不具法人資格的團體被核准，從而讓露臺常設變為可能。時至今日，北濱露臺已經變成大受歡迎的景點，湧入不管男女老幼的大批人潮。

受二十世紀中期以來水岸利用法規鬆綁影響，日本各地利用水岸空間的案例日漸增多。違法、適法理所當然並非不可撼動，而會因時制宜。在面對各種法規、課題之中，讓我們努力達到實現目標的原動力，我想是像北濱露臺的發起人那種強烈的決心，如隅田公園案例中水岸咖啡座的業者與在地密切的合作關係，還有殿橋露臺中那持續反覆的實踐與修正吧。

榊原充大

建築家／研究者。一九八四年生於愛知縣。二〇〇七年神戶大學文學系人文學科藝術學專修畢業。從事建築與都市相關的調查、採訪、寫作、提案等。二〇〇八年與其他人共同成立建築研究團隊 RAD。二〇一六年起擔任「乙川計畫」推廣總監。為京都建築大學兼任講師。

case

7

香港的路上活動
藝術中心、路上酒吧、游擊種植

江上賢一郎

香港的都市風景（攝影：江上賢一郎）

日本與其他國家的路上活動有著什麼樣的差異呢？一直以來，我以亞洲為主，研究藝術、社會運動與自律性公共空間之間的關係。與亞洲區域的公共領域有關的各種實際活動，存在以抗爭、靜坐等方式直接對抗更新、迫遷等的運動，以藝術行動等作法嘗試與在地合作，到藝廊、音樂展演空間（Live House）、菜園、酒吧等自主管理空間的營運等各式各樣的類型。本篇以「路上活動」為題，我想介紹我在香港直接接觸的三個各異其趣的實踐案例。

香港總面積為一千一百零四平

方公尺，人口約七百三十四萬人，面積雖然約只有東京都的一半，但居住區域卻集中在陸域總面積的百分之二十五左右，都市區域的人口密度達全球前三名。地價、不動產價格也是世界最高等級，單房住宅般大小的臨路店面每月房租超過三十萬日圓也不足為奇。香港在土地政策上採取自由市場制，幾乎不存在任何對不動產業的政府法規、限制。土地、建築、套雅房的價格均委由持有的地主、房東判斷，地價、租金等隨契約更新漲價。近年來更因來自中國的不動產投資增加，使得香港的不動產價格年年上漲。即便如此，香港的最低薪資仍是三十四點五港元（約五百日圓），平均工時達每週五十小時。在世界最貴的不動產價格與低薪的長時間勞動這般極度不平等之下，結果是造成慢性住宅不足、居住環境惡劣、大規模更新、租金高漲下的迫遷，這些土地與居住課題成為香港社會的結構性問題，為每個人的生活蒙上一層巨大陰影。

香港老街的藝術中心：「活化廳」（2009-2015）

香港大致可分成兩個區域，島嶼一帶的港島區域以及靠近大陸的九龍。香港島自一八四一年英國佔領以來，作為殖民貿易都市發展至今。靠近大陸、高樓大廈林立的九龍到十九世紀末期為止都是小村落散佈的農村地帶，二十世紀後，特別是在國共內戰時期，許多勞工、農民自中國移居而來。

位處九龍一帶的油麻地，就像是早期香港電影的場景被直接保留下來的老街區。建於五、六〇年代被稱作「唐樓」、未設置電梯的低矮狹長樓宇連綿，從這些樓房的外牆突出無數懷舊的霓虹招牌，一入夜街道就被鮮豔色彩填滿。

油麻地混雜著所有你想得到的行業，水果店、五金行、養老院、妓院等等。面向街道的店舖中，蔬菜、當季藥草、泰國青檸、四季橘等，東南亞的柑橘類與水果等生鮮食材，為春節準備的一疊疊春聯（紙製的裝飾品、玩具）、廚具，陳列著建設工程的工具到建材，甚至在這些的隔壁混雜著港式麵店、麵包店、港式茶室。傍晚時分，從路上的攤販響起叫賣蔬菜、肉等的聲音，購買食材的人潮湧入熱鬧非凡，從深夜到清晨，刺青的裸身男人們將裝有進口自中國、國外的水果的紙箱堆放在推

油麻地（攝影：江上賢一郎）

車上，不慌不忙地來來去去。

在這裡的某個角落，過去曾有座以「活化廳」為名的藝術空間，地點是在古老唐樓公寓一樓的轉角處，玻璃門上貼滿壁報、通知單等，入內後書架上堆著快要滿溢而出的二手書，桌上擺放著餐具、玩具，說是藝術空間看起來更像是古玩店。室內呈現出彷彿是將路上風景完整移入室內的光景，當地的老婆婆、老爺爺邊喝茶邊看報，小孩子在地板上畫畫。

這個地方原本是由香港藝術發展局（HongKong Arts Development

活化廳外觀（攝影：江上賢一郎）

Council）出借，從二〇〇四年起以活化油麻地社區的名目，數個藝術團體、藝術空間委外經營，但這些都是俗稱白盒子形式的藝廊。二〇〇九年由活化廳接手營運這個場地，藝術家李俊峰、方韻芝等當時的年輕成員們在「藝術如何能與日常生活、社會、政治接軌，且促進地方社區活化呢？」的命題下，開始在此活動。他們／她們不是在白盒子中，而是推動由自己走入街上、地區，積極地與生活在這裡的人產生關係的社會參加型藝術活動，社區報、工作坊。

舉例來說，他們的活動之一「多多獎小小賞」，內容是以在油麻地經營的行業（打鐵鋪、布料批發商、木工坊、果菜市場等）為主題設計獎盃，再將獎盃贈與個別店主。是試圖以藝術為媒介，將平常較少注意到的社區內的生活、勞動等的價值具現化。

又如活化廳在二〇〇九年開始，持續了三年的「藝術駐場」計畫。招募關心社會問題的藝術家／運動家，請他們進駐油麻地，並製作與在地有所關聯的作品、活動。

舉駐場藝術家的盧樂謙為例，他計畫在油麻地的街頭運動會。他設計路上運動，嘗試透過「遊玩」與在地的人們一起重新思考公共空間以及公共空間應有的樣子。又或是在高速公路下的空地進行爭奪地盤遊戲，原本住在高架橋下的流浪漢被趕走後，為了不讓他們搭設帳篷設置了圓型水泥塊，盧樂謙設計將這些水泥塊當作遊戲中的地盤陣地，參加者在其上行走擴張地盤的遊戲。還有在上海街舉辦的街頭高爾夫大會，參加者把街上各式各樣的場所當作高爾夫球道，一起找出街道中的隱藏空間。利用果菜市場中使用的空箱來進行搬運競賽，是企圖以遊戲方式重現、體驗平常在果菜市場工作的人們的勞動，參加者藉由遊戲分享了道路、公園、高架橋下等

活化廳的路上活動「流動酒吧」（攝影：江上賢一郎）

公共空間的新印象，社區內他人的生活、工作等光景。透過積極自由使用公共空間，集體創造出對公共與社區的新想像、行為。

來自日本則有持續過著在代代木公園搭帳篷生活的藝術家兼運動家市村美佐子曾經駐場，他進行了在油麻地的公園、街上長椅躺下睡覺的行為藝術，也在香港的公園重現曾在東京實行的野炊行動。其他還有韓國藝術家金江（Kim Kang）召開分享佔領空地技術的工作坊等，也積極與以藝術手法展現都市更新問題的東亞藝術家們交流。

一方面也因為是受香港藝術發

活化廳成員與地區居民（攝影：江上賢一郎）

展局委託營運的型態，讓活化廳得以不被香港的租金問題困擾持續活動，但補助卻在二〇一四年終止，他們被藝發局要求撤離。但作為回應，他們就如「佔據」字面上的意義，在未獲許可下佔據空間，持續同時進行撤回補助金終止的申請與作為藝術空間的活動，最終在佔據開始的一年後，他們在二〇一五年秋天決定撤退，空間從而關閉。

高速公路下的綠洲：芒果王與游擊種植

我的香港朋友梁志剛告訴我一件童話般的事，「油麻地的深處有座芒果樹茂密叢生的巨大庭院唷。」

梁志剛是出生在倫敦的華裔英國人，二十五歲前在倫敦生活，曾在手機公司設計部門工作。他在二〇〇九年辭去工作，移居到雙親的故鄉香港。現在一邊在大學兼職教書，一邊持續實踐以設計手法，結合都市農園、社區活動、藝術的計畫，社會參加的藝術行動。

梁志剛是如何知道這座庭院的呢？是因為他在二〇一三年活化廳的駐場計畫中，認識了一名流浪漢，他不清楚他的背景，只知道他原本是農夫、來自中國，平常以回收五金廢棄物賺取微薄生活費。在不久之前，已經有傳聞他在油麻地的高速公路高架橋下的空地，開始栽種各種植物、蔬菜。該處廣達七百平方英尺（約六十五平方公尺），種植有從芒果、木瓜等水果到紅辣椒、香草等，因為他熱愛芒果，所以梁志剛們就叫他芒果王。

梁志剛（右）（攝影：江上賢一郎）

梁志剛與芒果王的交流是從無償交換的形式開始。他當時正在推動名叫 HK Farm 的都市農耕計畫，他將自己的種子、芒果王熱愛的芒果（那時候這裡還沒種芒果）免費提供給芒果王。作為回禮，芒果王送給梁志剛自己栽種的農作物，教他農業技術、藥草知識。

「那是從某種贈與交換般的形式開始的，我送給他自己所擁有的，他作為回禮教會我他擁有的知識與經驗。在這樣的來往之中，個人間贈與的連鎖逐漸蔓延到社區。他的農作物成為油麻地某位朋友經營的合作社餐廳『So Broing』的食材，或是社區裡的人跟他買之類的呢。他一開始對以金錢為媒介產生的交換感到困惑，但對他來說要維護庭院、田地，過日子都需要錢。因為他不是聖人，是專業的都市農夫。」

要到達芒果王的秘密庭院，必須有著稍微特殊的散步技術。首先，來到油麻地的西側，忽略橫向高速飛馳的汽車，沿著通往機場的汽車專用道路的側溝步行向前。接著會看到開著圓洞的圍欄，鑽過洞穴，越過雜草叢生的空地後，是排列著高速公路灰色圓柱的小型水泥凹地。向上仰望高速公路的橋樑在空中描繪出扇型曲線，在曲線與曲線的正下方出現一處被三角形綠意覆蓋的空間，那就是芒果王的秘密庭院。

從高架橋的水泥柱周圍延伸出藍色塑膠布，那是芒果王的帳篷。前方是放著飯鍋、餐具的矮桌和折疊海灘椅。越過帳篷後，戴著藍色帽子，矮小看似將邁入老年的男性，拿著澆花器替保麗龍容器中的苗木澆水。梁志剛跟他打招呼，他只「呀」的回兩三句，就又默默開始澆灌。柵欄一側種有蕃薯，旁邊是芒果樹、鳳梨。排列在靠家這一側坡面上的花盆裡種有紅辣椒、香草植物。這裡沒有自來水，所以他就拿塑膠瓶從附近的百貨商場裝水搬來。從車上向這裡看，乍看下就只像是雜草茂盛的無人之地（No Man's Land）吧。但這被柏油與水泥包圍，無人靠近的土地的其中一角，其實卻存在著豐富植被，果實與植物繁茂的庭院。

然而在二〇一六年時，香港政府以他的庭院是「非法佔據」為由要求撤除，他所孕育的庭院被以柵欄包圍，這是要讓他無法為植物澆水所做的措施。接著在幾個月後，芒果王卻突然消聲匿跡。無論是梁志剛或是曾幫助他的人們，都不知道他究竟去了哪裡。只是這塊大都會中的秘密庭院失去照料它的主人，安靜地再度慢慢回歸荒地。高速公路高架橋下的土地理所當然屬於香港政府，個人任意佔用該地開闢庭院是「違法」行為。因填海突如其來誕生的這塊人工土地，是在二十年間被棄置、放任的無人之地。芒果王首度踏入這片土地，播下種子、栽培植物，蔬菜、香草、水果等自給，還供應當地居民。香港的糧食自給率至一九九〇年代初期為止都約為百分之三十，現在則降到了百分之二到三。由自己生產食物難道真的是毫無價值的行為嗎？梁志剛在芒果王消失後，繪製了「Mango King's Map」地圖，內容是紀錄與芒果王的來往之中，所產生的他與油麻地社區之間關乎植物的自給與交換、網絡的紀錄。他的行為是將被棄置的土地變成綠意庭院，在都市中重返栽培植物、收穫食物、集結種子、次年播種培育等的自然循環，是為重新創造連結而生的非正式都市計畫。

將路上轉換成複數的空間：「街坊排檔」計畫

經歷活化廳的藝廊、芒果王的庭院，梁志剛跟他的同伴們現在在油麻地嘗試實行新的公共空間活動。這次的舞臺是路邊攤，他們在二〇一五年開始「街坊排檔」計畫。街坊意味社區，排檔則是攤販，直譯就代表著「社區攤販」的意思。

油麻地的咸美頓街與廣東道交會區域，從白天到傍晚，都可以看到綠色攤位在路上排成一直線的光景。高二點五公尺、寬二公尺、深一公尺的綠色四角形金屬製攤子，間隔一定距離排列，乍看像座大衣櫃般的固定式攤位，形式是等到營業時就打開門扇，從內側取出做生意的用具、棚子並排放商品。現在仍留存在香港的固定式攤販約有五千五百間，數量正在逐年減少。原本香港有許多沿街走賣的小販，游移在大街小巷做生意，但政府在一九七〇年代後讓他們固定地點，為方便管理設置攤位，將經營攤販轉成牌照制分配。這些到處移動做生意的小販就這樣變成在固定攤位經營。那之後，由這些攤販形成的大排檔就成為老街區的廚房，持續提供相較超市便宜又新鮮的生鮮食品給香港的人們。

美國都市計畫研究者威廉懷特（William Whyte）稱呼這些攤販（Hawker）們是「創造好感都市空間的先驅們」，他認為重要的是為了在都市空間引發各種活動所需的最初的契機，餐飲類路邊攤曾在其中發揮的作用。這些路邊攤替人們提供了最初進入街道的契機，誘發眾多不只是步行，如漫步、站著談天、買東西來吃、休息等等行為。現在在歐洲、北美的都市中心區，路邊攤、攤商等被認為是讓都市空間再次恢復多樣性、繁榮的重要關鍵，重新認識其價值。但香港政府卻對這些攤販的作用毫無自覺，路邊攤、路邊餐飲業、攤商，甚至是在街頭的文化性活動（街頭藝人、街頭演奏家）都成了取締對象。香港的狀況是在攤販老闆過世、後繼無人時，就將攤位封閉，最終拆除。除此之外，近年來由公家機關率先從攤販老闆手中買回經營權（二〇一三年後，約有五百間攤販因牌照被買回而消失），持續推動減少路邊攤的政策。

梁志剛在二〇一五年時從前任店主手上便宜（每月約三萬日圓）租到攤販經營權，跟插畫家 Frying Pig、香蕉農的朋友們三人一起啟動這個計畫。他在考慮是不是要開始尋找販售芒果王所種蔬菜的場所之中，注意到攤販的存在。

「我在調查之後，發現攤販的租金比普通店鋪便宜許多，這讓我非常驚訝。因為

梁志剛所畫的芒果王庭院

香港的租金，無論店面再小也都要二十萬日圓一個月。但攤販的話，店同樣是在人來人往的大街上，還能立刻開張。對總是煩惱租金問題的香港人來說，我覺得這點真是很了不起呢。我最初是想要賣芒果王種的蔬菜跟水果，創造讓他能夠生活的手段。但這裡本來就聚集許多菜攤、水果攤，都已經有從前就在這做生意的攤販了，我們硬是來這做同樣生意，結果就是變成彼此競爭，我對這點感覺很不對勁。所以才會試著逆向思考，思索用這個攤位究竟可以在這一帶做些什麼呢？」

油麻地原本就是五金行、水果

街坊排檔的圖像（藝術家：Flying Pig）

市場、小工廠、生鮮食品的路邊攤區、照護設施，甚至風化區等形形色色職業、社群混雜的地區。但從前卻不曾存在讓相異社群的人聚集、互相認識的地方，所以梁志剛等人就決定不做攤販生意，而是將這裡經營成一處能匯聚相異社群人們的「平臺」。攤販的臨時、簡易等性質，對打算在香港打造與文化性社群有關的「場所」的人來說，訂定契約的難度低，租金問題的風險也少。加上在亞熱帶氣候的香港，一年四季都可在戶外活動。這麼說起來，代替二〇一五年關閉的活化廳，成為扎根油麻地的文化兼社區場所而言也是水到渠成。

街坊排檔的綠色攤位被附近鄰居搬來的植栽包圍，攤位開放時，折疊桌跟塑膠椅被圍繞攤子擺放，其上堆置各式各樣的物品，有成員家自己種的香蕉、自製果醬、回收材料製作的手工藝品、水果種子。垃圾場撿來的鏡面球、七彩的手拿鏡從屋頂垂吊而下，折疊桌上是飯鍋、路面上有椅子跟電暖爐。這副模樣就像是水泥叢林中的小小綠洲。

開始時只有三人的成員目前增加到了十四人，從藝術家、設計師、理髮師、咖啡師、農夫、教師到社工般各種職業的人們以義工身份參與營運街坊排檔。租金到目前為止都是由大家自掏腰包湊合支付，營運則採取盡可能不產生階層的方法，在不斷嘗試、修正下推動。例如攤位的鑰匙不由特定成員管理，而是掛在附近洗衣店的牆上，洗衣店每天都從一早就開到深夜，想要打開攤位的成員就去跟洗衣店老闆打聲招呼拿鑰匙，這也可以說是為了公平地共同營運的其中一項措施。

目前在攤位舉辦的活動形形色色，從販售自己栽種的香蕉、植物種子等，到創作油麻地人們的卡通人像畫的工作坊、手工藝教室到製作果醬的工作坊。或者是不定期舉行的夜間電影放映會、每月一次聽老人口述在地歷史的聚會等，把椅子排列在道路上當場就變成夜間學校一樣。攤位的機能、角色就這樣隨著不同成員參與的方式、活動內容有彈性地變化。

開張一年過後的時期，與附近鄰居也有了連結、他們也會開始幫忙：洗衣店願意借水給攤位澆灌盆栽；附近的香草茶店老闆，在攤位所在道路的路標上擺放香草盆栽打造出小小的空中花園；附近的爺爺、奶奶們把這裡當作買東西、散步時的小憩場所，孩子們在放學回家路上湊熱鬧地來這裡玩耍。不知不覺中，連盆栽、不用的布料、材料、工具放在這裡的人都開始出現。回收用舊了的米袋作成的包包、休業布莊的碎布，頂蓋上是在地人分送來了南瓜、香草苗株等等。社區內不要的東西就這樣被聚集起來，攤位扮演起回收交換場的角色。然後這些物品就被人們在「自由定價（自行自由決定價格並支付的形式）」下帶回家。在市場內特意創造出不透過金錢、不專注在某一特定活動的「空地」般的空間。如此一來，不在貨幣經濟的循環中的物、人、資訊便匯聚而來，在此產生交換、分享這些的循環。無法納入資本主義社會系統中的人們的需求、欲望，街坊排檔為媒介開始顯露在街道之中。

二〇一六年秋天在攤位開張恰好一週年的那天夜晚，許多人前來攤子附近祝賀。住附近的女性帶來了蛋糕，在舶來品店工作的印度青年們帶著米布丁來。隨著夜漸

油麻地的攤販（相片：江上賢一郎）

深人愈來愈多，大家圍著攤位聚集，或站或坐談天說地。街坊排檔成員之一的社工Irene這樣述說聚集到此的人們的關係：「雖然不清楚每一個人的詳盡的隱私，卻是可以在這裡打照面、打招呼、邊喝點茶邊坐著聊天的關係。這也就是街坊原本的意義呢。」

梁志剛曾這麼說街坊排檔的活動：「對這些攤販，現在的香港政府推動一種放棄經營權就支付給他們補償金的政策，但攤位在拆除後，那塊地方就被變成停車場，也就是說生活與工作據點的街頭，被變成只供汽車使用的道路。我們租借沒

街坊排檔的外觀(取自街坊排檔網站)

在用的攤位轉換成社區據點，反過來說就等同於保護、繼承扎根在香港攤販聚集區的街頭生活文化。」

室內與路上的中介，攤位是暫時聯繫起私人與公共空間的媒介。街坊排檔的網站裡，紀錄了他們每日的活動，還加上附近鄰居對攤位的評語，能從中得知周圍人們率直的意見、感想等。不只有贊同，連「為什麼要特地在路上看電影，在家裡不是也可以看？」、「其他店家的人覺得你們這裡的人很怪很難搞唷」等負面言論也被刊登。成員們認為這些聲音是因攤位所引發的反應，是重新思考公共空間的契機。

街坊排檔的聚會（取自街坊排檔網站）

　生存在這座都市裡的人們，被國際資本造就的經濟壓力與來自中國的政治壓力兩道牆所包圍。即便如此，在香港公共空間的實際行動中，針對如上限制、問題互相提供解方，發掘都市中的非正式空間、微小縫隙，再將它們轉化成公共空間並與社區接軌。香港、油麻地的所有路上活動，都是企圖再度縫合被私有化所切分的空間與社會關係，轉變成「都市共有地」。它是對抗因急驟都市化、都市更新引發的生活空間喪失的技術，同時也是由我們親手，再一次形塑社區、路上以及都市本身的集體創作兼實踐行動。不輕率倚仗公部門或補助金等，而是最大程度發揮我們擁有的力量，嘗試以草根方式推動公共空間的活動。我想香港、油麻地的路上案例，具備的是DIY（Do It Yourself）般的自律、自主精神吧。與路上有關的種種，日本和香港的狀況大相徑庭，但在面對嚴格規範、管理等狀況是共通的。我們該如何理解、分享香港這樣的路上精神呢？我想這對在思考日本未來的路上活動的可能性上，應會是重要線索。

江上賢一郎

研究者／大學客座講師。一九八〇年生於福岡縣。早稻田大學、倫敦大學金匠學院文化人類學碩士畢業。留學期間開始研究藝術與行動主義、替代獨立空間。現在進行以亞洲區域為中心的替代空間研究、藝術計畫、策展、撰稿。譯有David Graeber《The Democracy Project》（航思社）、著有論文『Art of the Nuclear War – Collective Creation and Movements』, Creative Space-Art and Spatial Resistance in East Asia, 2013, DOXA, Hong Kong。

TIPS

讓戶外活動成功的行政手續須知

笹尾和宏

道路使用許可

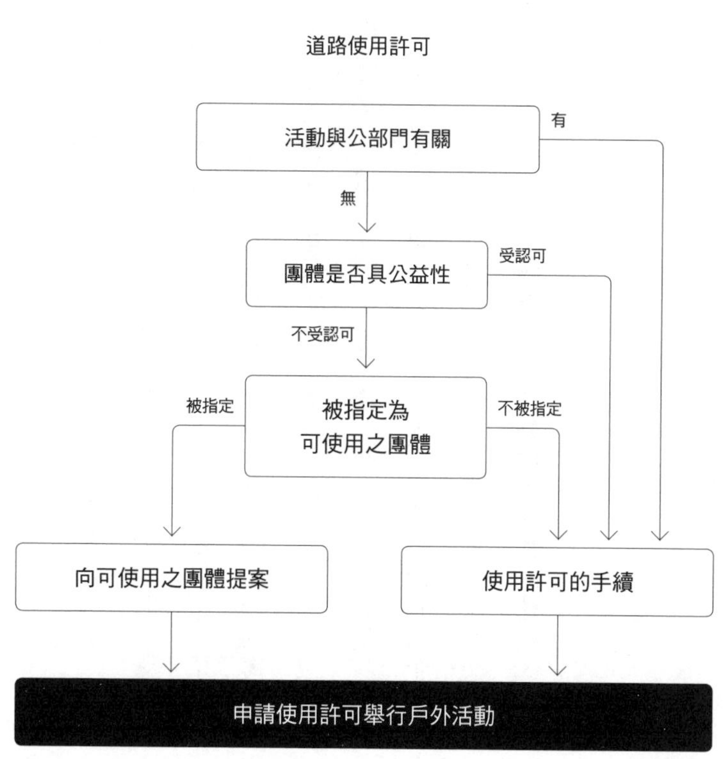

「在戶外辦活動是不是不需要許可啊？」

當你想要舉辦戶外活動時，我想你會在意的應該是「是否不須許可？」等法律相關的限制。在計畫戶外活動時，如申請許可等會需要辦理什麼樣的手續呢？我將依法律上的規定整理。我平常是「GRAND FRONT大阪」的營運工作人員，「GRAND FRONT大阪」是位在JR大阪站前、設有辦公室、商店、飯店等的複合性大型設施，除了一邊參與創造GRAND FRONT大阪與周邊戶外空間活力，也以個人身份參與市民團體「水岸街區再生計畫」，藉由大阪水岸空間的活化、遊樂打造街區魅力。在借助專家之力前，先從讀懂法規開始，如此一來不只能讓活動的企劃與籌備順利，從可預先掌握活動難易程度這點來看也沒有什麼損失。接下來我想就自己於公於私參與的各種活動時，在一連串的碰壁之中，感到應當掌握的法律、行政手續等一一說明。

戶外活動相關法規

權責單位	對象	法規名稱	譯註※台灣對照法規
國土交通省	使用道路	道路法	《公路法》
	使用河川	河川法	《河川管理辦法》
	使用公園	都市公園法、自然公園法等	各地方政府《公園管理自治條例》
警察廳（國家公安委員會）	使用道路	道路交通法	《道路安全交通規則》《道路安全處罰條例》《地方道路管理自治條例》
厚生勞動省	經營住宿設施	旅館業法	《觀光旅館業管理辦法》《旅館業管理辦法》《民宿管理辦法》
	經營餐飲業	食品衛生法	《食品安全衛生管理法》
國稅廳（財務省）	販售酒類	酒稅法	《菸酒管理法》
文化廳（文部科學省）	使用音樂、電影等	著作權法	《著作權法》

請先掌握大致的法律架構

依據所有法規最上位概念的憲法規定，對應不同對象的個別規定訂定有全國通用的法律，各法由中央各機關負責辦理。

相對於全國統一制定規定的法律，各地則因其各自狀況，由各地方政府制定條例、規則。如果說法律是全國版，那條例、規則則可說是其地方版本。依據都市規模，有僅由都道府縣制定，也有再由市町

大阪府內公園之相關法律、條例

國營	府營	市營
都市公園法	大阪府都市公園條例	大阪市公園條例
都市公園法施行令等	大阪府都市公園條例施行規則等	大阪市公園條例施行細則等

村制定更詳細內容的情況[12]。法律、條例和規則下再更細分為「～施行令」、「～施行規則」、「～施行細則」、「～相關綱要」、「實施基準」等分類與項目，附帶有具體數字基準、必要手續、各中央機關與地方政府運用時的基準等規定。舉例來說，大阪內建設的公園有國營、府營、市營等，針對各項法律、條例訂有相關之施行令、施行規則等。

相關法規都公布在各中央機關與地方政府網站上。我想要仔細閱讀法律各項目相當辛苦，所以建議初次閱讀法規的人，可先大致讀過列在法規開頭處的「目的」與「定義」等簡短條文，其內容為這部法律是為什麼、以什麼為對象。如此應可以幫助確定欲舉辦的戶外活動是否適用該法規。在瀏覽戶外活動相關法規時，將活動以「場地」與「內容」，也就是「在哪裡」與「做什麼、怎麼做」兩個角度來整理就會相當簡明易瞭。首先讓我們來看與「在哪裡」有關的法律。

在公共空間舉辦戶外活動時，使用許可是關鍵

沒有場地就無法舉辦活動，如果不是自家土地或是早就同意讓我們使用的空間，特別是在戶外舉辦活動時，尋覓場地將是一開始最大的難關。首先，在找到候選場地後，要先判斷它是公共空間或私有土地，公共空間的話就需要查詢它在法律上處於什麼位置，這麼作是為了讓相對應的行政機關來判斷是否能在此舉辦活動。無論是為了向正確的單位諮詢，或是與權責單位對等交換意見上，掌握空間在法律上的定位都相當重要。

為能在公共空間以活動等形式獨佔使用（也就是「使用」），須遵循個別法律所定條文獲得許可，我想最先遇到的困難會是法律中並未連「該怎麼做才可以獲得許可」都寫清楚吧。以公園為例，大多已劃定有可供申請使用的區域，所以能藉由抽籤、先後順序等核准使用。但倘若是公園其他部分，就算申請基本上也無法被核准。雖然只是暫時，但使用等於破壞了「公共空間應是所有人都可自由使用」的基本思

12 台灣則分為直轄市、省轄市，以及底下縣、市、鄉、鎮不同地方制定的自治條例與自治命令。

想，所以即便某一項活動再有魅力，為了平順核發許可給眾多活動中的一個，都將被審慎評估。為獲允使用空間，必須向權責單位證明活動不單是為了賺錢，還伴隨提升地區居民滿意程度、地區活化、解決地區課題等好處（在此我想以「公益性」表示）。但活動的公益性又該以什麼樣的方法呈現？或許閱讀過各中央機關、地方政府公布的手冊能在閱讀過各中央單位、地方政府所公布的導引說明後能有具體想像，但我想試著用更平易近人的方式具體說明。

活動是否有公益性？

判斷是否有公益性時最簡單的方法，是看公部門是否積極參與活動。實際上，我們所見在公共空間舉辦的活動大多屬於這一類。就像是那些贊同活動的地方政府局處參與活動企劃，或是在活動內負責內容、節目等的情況，我想這樣就很相當容易想像了吧。公部門強力推動的政策和舉辦活動的理念不謀而合，而能支持使用的話，核准的可能性就會一下子提高許多。以我身邊的經驗談來說，有位來自兵庫縣

北濱露臺的情景

西脇市的朋友，他在家鄉舉辦婚禮喜宴時的想法：「想招待參加者來我出生成長的城市，希望他們體驗這裡的魅力」，與推動促進移居政策的市公所負責人所想的契合，共同合作而得以進行與公園局處的協議。最終獲得在該地地標——日本肚臍公園的使用許可，實現了在公園內的草坪廣場舉辦婚宴。

假若公部門難以直接參與活動本身，也有著讓公部門認可舉辦活動的團體之公益性的方法。提到貼近我們生活的「公益性被認可的團體」，可以在地的町會、商店自治會等地區代表性團體為例。我想讀者們或許看到過町會在社區裡的公園舉辦義賣、夏日祭典等活動，也能說就是基於他們是「公益性被認可的團體」吧。與水岸街區再生計畫有關的案例，有沿岸大樓商家利用河川與大樓間的河川區域營運露臺的「北濱露臺」（大阪市中央區）。為活化大阪河川空間，由在地的大樓業主、商店老闆等為主結成營運組織「北濱水岸協議會」，在經歷兩次實驗性試辦後，受地方政府認可其公益性，而被核准使用河川區域。

被指定為可佔用之團體的程序為何？

近期來日本全國上下都熱衷於透過引入民間活力活化地區、以創造公共空間魅力的行動。愈來愈多善用依公共空間指定團體的制度的案例，受指定的是施行包含使用公共空間等公益性活動的團體。賦予團體正當地位的方法大致有兩種，一是中央或地方政府為創造地區魅力，製作城鎮營造的計畫書，在該計畫中明定可使用公共空間的團體。這些計畫是諸如以加強國際競爭力為目的的「國家戰略特別區域之

左：戶外瑜珈 右上：個人用運輸工具的試駕體驗活動 右下：品酒活動

區域計畫」、創造都心區域活力為目的的「都市再生整備計畫」、以海綿化的城中區域再生為目的的「中心市街地活性化基本計畫」等[13]。

GRAND FRONT 大阪所在區域適用前兩項計畫，國家戰略特別區域之區域計畫下，可使用車道舉行具高度宣傳效果的活動，至今曾辦過戶外瑜珈、個人用運輸工具的試駕體驗活動、藝術遊行等。都市再生整備計畫下則是利用人行道，舉辦以創造地區活力為目的的活動，曾有

13 台灣在活化的法案還未走向成熟，多為草案。可參考地方創生國家級戰略計畫，或提倡中的都市活化草案、地方創生條例草案。

犀川河岸咖啡座（金澤市）的情景

過一次排上長桌坐著品酒的活動、咖啡市集、戶外圖書館、餐車等。GRAND FRONT大阪的營運組織身為企圖提升地區魅力的團體，而在各計畫中佔有一席之位，讓我們在公共空間舉辦或接受活動申請時皆相當順利獲得許可。

另一個賦予團體正當地位的方式，是受託代為執行過去由政府進行的公共空間建設、管理營運等業務，受託團體以公開招標方式評選，同時也認可該團體舉辦活動。主要採取的制度應是「指定者管理制度」[14]與「道路協力團體制度」，指定管理者制度是適用於受託執行已完成公共空間的管理、營運，特別是公園類的案例相當多，日本有一萬三千座以上的公園利運用該制度。道路協力團體制度是協助道路維護管理中清掃、植栽管理等業務，制度正逐漸普及。金澤市的金澤片町城鎮營造會議被指定為道路協力團體，以犀川大橋為舞臺辦理「犀川河岸咖啡座」，將欄杆當作吧臺，創造出可一邊欣賞犀川與橋樑景色邊享受佳餚的空間。

這類計畫、委外制度對佔用公共空間的活動極為效果，但請務必留意一點，受指定團體除了辦理活動也需負責維護管理等，持續參與城鎮營造工作。除此之外，製作計畫書、設立委外制度等都必須由中央、地方政府主導，遺憾的是僅有企劃活動這一方有動作是無法推動的。我想首先最重要的是由在地發聲，向中央、地方政府傳達對這些制度的需求，同時還需保持鍥而不捨推動的態度，透過不斷謹慎溝通，對地區的課題、活動創造的好處等一步步形成共識。

14 指定管理者制度是可將公共設施的管理營運委由企業、財團法人、市民團體等民間組織代為執行的制度。道路協力團體制度則是為更進一步管理道路、解決相關課題等引入民間團體協力的制度，民間團體可申請被指定為道路協力團體。臺灣則可參考促參相關法規、認養辦法等。

大道坐吧平臺（札幌市）

想在公共空間簡單辦活動的話呢？

如上所述，團體的公益性得以被認可的前提是持續參與城鎮營造、地區活動，但老實說這對單純抱持「想藉戶外活動炒熱地區」動機的人來說，應該會感到些許沈重吧。這種情況下難道沒有其他解決方式嗎？

雖然不是直接取得佔用許可的方式，但確實還有著其他管道，也就是向可使用公共空間的團體提案的方式。[15]如果提案被接受，接受提案的團體就可使用公共空間，並在

札幌市北三條廣場「紅廣」（札幌市）

他們的允許下舉辦活動。

要知道這類公共空間在哪裡，必須自己從慢慢在政府網站等之中搜尋，但也有開設受理活動申請的窗口，積極接受提案的公共空間。札幌市依據都市再生整備計畫，將木平臺、貨櫃常設於人行道上，推動受理活動申請的「大道坐吧平臺」計畫，在閱讀網站上公布的進駐要點後，透過申請即有機會舉辦活動。富山市的商業設施總曲輪非利歐旁

15　例如申請道路、廣場等地即可以參照地方政府《道路臨時活動使用管理辦法》，有公共空間使用權的公家機關也多設有活動申請書。

的廣場「GRAND PLAZA」、建設在札幌市道路中央的廣場「札幌站前路地下廣場」、「紅廣（札幌市北三條廣場）」等依指定管理者制度委外經營管理，提交公布在網站、介紹傳單上的申請書就能夠舉辦活動。

私有地上辦活動不需要申請？

能否在私有地上的戶外空間辦活動原則上由地主判斷，在向地主仔細傳達活動的魅力、安全考量等，讓其了解不會對他造成麻煩，視情況有時需付費，如此取得同意的話就會讓事情進展順利。只不過實際上，使用該戶外空間是不是完全不需向公部門申請則不一定，地主在使用戶外空間上某些情況會受到公部門限制，依據規定也有無法辦理付費活動或禁止通行的地區。下面就我所知的範圍列舉相關制度，適用與否則需跟地主確認，有必要時請辦理行政手續。

需申請的主要項目

戶外活動項目	法規（及相關條例）	必須之許可、執照、申請
提供餐飲	食品衛生法	營業許可（第52條）
販售酒精飲料	酒稅法	酒類販售業執照（第9條）
住宿服務	旅館業法	營業許可（第3條）
播放音樂、電影	著作權法	著作者授權（第22條其他）
會場間的交通、接駁服務	旅行業法	旅行業登記（第3條）
	道路運送法	旅客事業者運送事業的許可（第4條、第43條）
放映電影、表演、體育賽事	興行場法	營業許可（僅私有地）
	消防法	活動舉辦申報（核備）

基地為單位適用之制度：綜合設計制度[16]

街廓為單位適用之制度：特定街區、高度利用地區、地區計畫、都市再生特別地區

除此之外，有些城市訂定有針對這些規定的放寬措施。東京都內隸屬上述

16 日本的「綜合設計制度」，其目的在於藉由增加建築容積之獎勵，以確保都市的開放空間，進而促進都市機能，規定基地在一定規模以上且空地率到達一定比例，只要開發者能提供開放空間，則可獲得高度、容積率等限制之放寬。台灣亦在都市計畫法規定，建商提供一定程度的公共空間建設，亦有容積率的獎勵。

確認是否需行政手續的必要因素

因素	法規等	主要確認事項
會場形式、配置	消防法及相關條例、規則	是否處於避難用通路上
桌椅、器具		是否用火
有無天花板		是否是設有灑水器的空間
設置物體之大小	建築基準法15及相關條例、規則	是否為建築物
對第三者的影響	生活環境保全條例16	高度是否超過四公尺（塔等）
	不良行為防止條例17	是否散發強烈氣味、煙

範圍的戶外空地原則上不得為付費活動，但為了形塑魅力十足的街道景觀制定有「形塑東京都時尚街道景觀條例（東京のしゃれた街並みづくり推進条例）」，目前只要符合一定條件即可實施付費活動。

是否為營業行為？有沒有安全上的疑慮？

接下來我想以「做什麼、怎麼做」的角度整理法規。不限於戶外在舉辦活動時，有不少都是製作網站、社群粉絲頁、傳單來廣為宣傳號召參加者，活動當天提供餐飲服務、音樂現場演奏等。

如果有這類符合營業行為的活動項目，為了保障活動參加者安全與確保品質，必須取得營業許可、執照、核備等行政手續。舉例來說，提供餐飲服務時需要攤販營業許可、汽車營業許可等，音樂表演時演奏現有曲目必須支付版權費用。什麼樣的內容需要辦理什麼手續等，均記載在各項法規中，視情況所需請事先確認。

善用小河的夏日酒吧活動的情景

再者是內容涉及提高發生意外、事故等可能性的因素時，依其項目會有必須的申請手續，例如用火加熱食材、大型設施物的會場裝飾、搭蓋簡易建物等情況都屬於這類。下面我會舉幾個我曾有過的經驗，希望提供給各位讀者參考。

每年一到夏天，GRAND FRONT 大阪就會舉行以「都心版川床」為概念的酒吧活動，在基地範圍內的小河中放上桌椅，打造出可一邊泡腳享受清涼還可以邊喝酒的空間。參與活動的餐飲店家為此活動新申請了攤販營業許可，與消防單位協議確認爐火、保留避難路線、允許設置的桌椅、器具等的樣式與擺放位置，在核備、列席確認下執行。

這個活動真的需要申請嗎？

我們在對想舉辦的活動有更具體的想像，詳閱並理解相關法規，思考是否需要辦理手續後，如果還是有不清楚的部分，則必須準確地向權責單位諮詢。請不要在未做這些準備工作就貿然詢問，因為這樣可能會導致不好的結果。請求對方核准、委由其判斷時，有時是將責任強加在對方身上。實際在諮詢時，不是含混地詢問「怎麼做才能辦活動呢？」，而希望是在加上前提條件之下：「我想在這樣的作法、想法下舉辦活動，是不是涉及XX法XX條的內容？」，以「是」或「否」抵觸法律的方式請教對方。如果不這麼做，有時會無法獲得權責單位對活動作法、想法的理

左：大阪愛之船的情景 右：水岸午餐的情景

解，或是指示我們針對不需申請的部分，特別在獲得核准後才執行等。對戶外活動的基本態度要求，是最終還是要由自己判斷，時而自己收拾殘局的「個人責任」。

不事先申請逕行舉辦活動被以「游擊」形容，這類活動並非全部都違法，倘若符合法規主旨，未涉及條例中禁止且為不需申請的行為，在顧及周邊鄰居並取得諒解下，以「游擊」方式進行亦是選項之一（請務必查詢各管理機關針對公共空間制定的規則、規矩）。關乎食品衛生法[17]的話，想供應餐飲食物時，直接販售或免費提供包裝過後的市售商品就不需要營業許可等。與著作權法有關的，則是在非營利、免費、無償下，不付版權費未經同意舉行電影放映會也無妨。無論是一大群人齊聚到公園享受春天賞花樂趣，或參加者在城市裡各個景點漫遊的導覽旅遊、還是定向運動（rogaining）都不須經過佔用申請。水岸街區再生計畫的活動之一「大阪愛之船」，參加者乘坐手划船前進大阪都心的河川，是在與河川更拉近距離下讓參加者輕鬆體驗水岸的活動，在河上划橡膠船既不需要執照也不用經核准。詢問管理單位後也只被說「不行傷到護岸」。另一項「水岸午餐」活動，是聚集在平常受忽視的河岸空間一起享用午餐，也就是尋覓、發掘場所魅力的餐飲活動。參加人數多的時候超過三十人，至今為止數度被報紙、新聞網站報導，但舉行這個活動也未申請佔用許可。這個活動說起來，進行的工作只有在決定地點與時間後，以電子郵件、網站號召而已，來到會場會覺得聚集了許多人看起來盛況空前，實際上不過是一個又一個獨立的團體自發前來，享受各自的午餐時刻。這些活動是為了讓人們明白空間的魅力，以讓參加者各自親身感受空間為目的，所以我們認為這並不需要特地去申請佔用許可、佈置會場。

另一方面，行政手續具有提升活動廣度的效果，應視需要辦理。在計畫活動時，以「為了什麼？想做什麼？」為主軸，增添可帶來附加價值的項目即可。確定活動應有的品質，並能正確理解法規主旨、內容和限制，就能釐清許多疑問，像是不惜辦理行政手續也應該加上這項附加價值嗎？想做的事情該如何實現？

檢核到某種程度後就實行吧！

至此，我以親身經驗整理了法律上所需的行政手續，但不能保證這些已經一網打盡，各位讀者今後在實際籌備活動時，也可能事後才意識到需要某些手續也不說定。但請不要因為這樣就對舉辦活動裹足不前，我希望你們在親自檢核過應相關之法規後，只要看起來沒什麼問題，就先試著實行。如果還是心有不安，也可以從小處著手，檢視法律上可能會產生什麼樣的課題。最重要的是實際體驗因為想要而開創活動的魅力。

17 台灣為《食品安全衛生管理法》。

左：選出惠比須男的情景 右：水岸之夜的情景

我所推動的活動中，也有些在一開始未經申請，後來因知名度提高、評價也愈來愈好，才再受地方政府認可下執行，例如「選出惠比須男（ゑびす男選び）」，是我在學生時代隸屬的研究小組與在地商店街合作的街頭賽跑活動，第一年就在未經道路使用許可下逕行舉辦，雖然活動過後受到警察警告，但因事前有先向町會報告，也獲得地方政府、大學的肯定評價等發揮作用，第二年開始就在獲得道路使用許可下舉行。「水岸之夜」為水岸街區再生計畫之一，在每年夏天舉行，是可欣賞點綴燈飾的河川景觀的傍晚乘涼活動。即便總計超過三百人次參加，但我們在很長一段時間都未申請佔用許可，在「是參加者自發聚集的活動」的定位下持續舉辦，後來則因被納入成為「水都大阪 2009」的官方活動，才在正式獲得許可下舉辦，附帶一提「水都大阪 2009」是為廣為宣傳大阪水岸魅力的公私協力計畫。

法律在反映出不同時期的生活文化、社會現象等之下，是為了讓我們在安全與有秩序的環境下，共同創造更美好的生活而制定的共通規範。總體來說，有許多法律都是以最壞情況為前提，訂定地較為嚴格，因而內容無法細緻到可對應個別狀況。所以我們說不定還會在執行活動的過程中，發現法規上的錯誤，但只要注意「這有可能發生意外嗎？」、「是不是讓周邊的人不開心了？」等，應該就不會出現太大問題。就算被警察、公部門警告、指正，也理應能夠好好溝通。我想重要的是在被警告時，誠摯道歉、反省，確實掌握原因出在哪裡（也有其實沒有問題卻出於防範未然而被加以指導的情況）。接下來只要能善用這樣的機會，在當場改正並作為往後的警惕就好了。

笹尾和宏

一九八一年七月出生，三十六歲。來自大阪、現居大阪。從大學時代即藉由「水岸街區再生計畫」等活動，利用公共空間舉辦活動。曾於建設公司從事不動產開發、顧問（建築計畫、開發計畫的企劃提案、事業推動），目前（二〇一八年三月）為大型複合設施 GRAND FRONT 大阪的營運工作人員，主要負責公共空間的經營管理。

後記

我感覺許多獨特的戶外活動情景透過社群網路上擴散，回應「我也想辦這樣的活動！」、「我想創造那樣的風景！」潛在的市民需求的案例好似愈來愈多。

這種情況雖然讓人欣喜，但被流傳的總是那些比較表面、具衝擊性的相片，關於「那麼，該怎麼做才能辦那樣的活動呢？」，也就是作法這類幕後平淡無奇的工作則經常容易被埋沒。

本書並非只是描繪新的路上風景，也不是只評論它們，而是特意聚焦實際付諸實現為止的過程，想傳達唯有踏實努力，才是引導我們朝最初目標前進的不二法門。

我想那些原本對城鎮營造、景觀營造不感興趣的人們，也會喜歡在戶外公共空間舉辦私人活動。像是在新宿辦公區內的K歌大會「新宿三井大樓炫耀歌聲公司對抗賽」，是進駐三井大樓的企業的員工，互拚卡拉OK歌藝的活動，但這樣的租客對抗賽，居然是從大樓完工的一九七四年就開始舉辦的的老牌活動。這般封閉且小眾的活動卻被新聞大肆報導，我想這也是種社群網路時代的象徵性事件。

主辦單位既未曾發布新聞稿，也沒有積極讓媒體採訪，但像這類「半封閉半開放」的路上活動，想必在全國各地多如繁星。公與私的界線就像洋蔥外皮般重疊好幾層，我想我們必須時時思考，我們想在其中的哪一層舉辦活動？想跟什麼樣的人共享空間？而所有活動都必須經過許可、申請嗎？我想事實並非如此。還是應恣意當場推動後，要避免演變出麻煩的情況即可？要選擇哪種方式，如果能參考本書，事先想像出有哪些技術、知識不可或缺的話，那將是我的榮幸。

作家赤瀨川原平在論及考現學始祖——今和次郎在戰後研究了巴拉克[18]建築時，曾說：「考現學——路上觀察學的觀察角度根源，被隱藏在破壞與再生交際的原點中」（《路上觀察學入門》，行人出版，2014）。

因發生大規模災害、戰爭，富裕階級喪失資產，沒有資產的貧困階級在黑市的混亂中獲得新的商機，機會因此被平等分配，人們共通的「對發生在人與人之間的事情的興趣（interest）」從而被反映在公共空間。在造成社會結構洗牌的重大事件影響下，都市—公共空間不可思議地被放在同一起跑線上，因而成為隸屬迴異階級的人們的實驗場地。

處於成熟的資本主義社會的這個國家，近期應該是不可能發生弭平階級差距的重大事件。然而，我想在各種領域中，皆逐漸顯露出社會結構老化、問題這點上，沒有人有歧見吧。全球資本主義的潮流下國族主義興起，另一方面階級差距也在擴大。我想有許多人企盼，都市空間裡長出居民可各以其各形各色的角度切入，有著參與餘地的公共空間，及機會平均分配的瞬間。

我想東日本大地震就像是推波助瀾了這樣的潮流，災害不僅會補強人們的國家認同，還狂暴地強迫相異屬性的市民不得不面對「共通感興趣之事」。在這種時候，以所有階級的居民均會利用的基礎建設，要不要試著仿效京阪電鐵那樣，試著在共通感興趣之事（把酒談歡）下開放呢？還是在附近的公園舉辦婚禮等典禮，隨興邀請親友前來呢？

18 巴拉克源自英文 barracks。是指戰後、災後就地取材搭建的克難建築，雖然概念類似組合屋等，但有其歷史背景與特殊因素。

建設公司正為了奧運，竭力開發跟不上時代的摩天住宅大樓，在招募住戶的廣告中刻畫著過短促的夢想。打出「都市渡假村」、還是「都會綠洲」名號的廣告，被揶揄是表面引人入勝的「住宅大樓之詩」。真的想生活在這種都市渡假村裡，沈浸在優越感中的人究竟有多少呢？實際上是一堆空屋，誰都會覺得羞恥而不想入住吧。

也就是說即便是二〇一〇年代後半期，處於這類巨大資本再生產的短促夢想，背離現實的市民欲望的現在，也還是如同戰後或關東大地震後，置身於「社會系統崩壞」這般「焦土」之中。從前的老舊規則不再適用。取回公共空間的主導權，並將其變為社會的每一份子都深感興趣（interest的）的空間，為此我們需要思考所需的手段是什麼，我想這或許也是今後看待公共空間時不可或缺的觀察角度吧。

在我想編撰一本不是打造室內秘密基地，而是介紹如何創造戶外活動的書時，找了DU BOOKS的筒井奈奈小姐商量，她後來一路支持我直到付梓，替我做了完美設計的設計師漆原悠一先生、插畫家的藤田翔先生，感謝你們。

希望本書能夠交到那些想著自己怎麼可能改變路上、戶外風景的市民諸君手上，期待獨特的路上活動遍地開花的未來。

編著者簡介：

影山裕樹

一九八二年生於東京。編輯、合同公司千十一編輯室代表。歷經雜誌編輯部、出版社後離職創業。二〇一八年設立合同公司千十一編輯室。經手眾多藝術、文化相關書籍，也以編輯身份參與日本各地許多地區活動。著有《大人打造的秘密基地（大人が作る秘密基地）》（DU BOOKS）、《進擊的日本地方刊物》（行人）、近年主要參與「十和田奧入瀨藝術祭」（2013、編輯總監）、「CIRCULATION KYOTO」（2017、企劃總監）等。現任青山學院女子短期大學客座講師。為路上觀察團體「新骨董」成員。

國家圖書館出版品預行編目(CIP)資料

街頭設計-改變街道的七種方式 / 影山裕樹編著；武川寛幸等作；林書嫻譯. -- 初版. -- 臺北市 : 行人文化實驗室, 2020.04
224 面；14.8x21公分
譯自：Overcrowded: Designing Meaningful Products in a World Awash with Ideas

ISBN 978-986-98592-2-6 (平裝)

1. 都市計畫　2. 空間設計

545.14　　109001525

街頭設計 - 改變街道的七種方式
あたらしい「路上」のつくり方―実践者に聞く屋外公共空間の活用ノウハウ

總 編 輯：影山裕樹
著　　者：武川寛幸、柿原優紀、吉城壽榮、以倉敬之、高岡謙太郎、
榊原充大、江上賢一郎、笹尾和宏
譯　　者：林書嫺
總 編 輯：周易正
編輯助理：林昕怡、俞君傧 、鄭伃倢
封面設計：謝捲子
內頁排版：葳豐企業
行銷企劃：毛志翔
印　　刷：崎威彩藝

定　　價：340元
I S B N：978-986-98592-2-6
2020年4月 初版一刷

出版者：行人文化實驗室（行人股份有限公司）
發行人：廖美立
地　址：10074台北市中正區南昌路一段49號2樓
電　話：+886-2- 37652655
傳　真：+886-2- 37652660
網　址：http://flaneur.tw

總經銷：大和書報圖書股份有限公司
電　話：+886-2-8990-2588

Atarashii Rojo No Tsukurikata Jissenshanikiku Yagaikokyokukan No Katsuyonohau by Yuki Kageyama, Hiroyuki Mukawa, Yuki Kakihara, Toshie Yoshiki, Takayuki Ikura, Kentaro Takaoka, Mitsuhiro Sakakibara, Kenichiro Egami, Kazuhiro Sasao.